法律的印记

高慧 著

知识产权出版社
全国百佳图书出版单位
—北京—

图书在版编目（CIP）数据

法律的印记/高慧著.—北京：知识产权出版社，2022.7
ISBN 978-7-5130-8218-1

Ⅰ.①法… Ⅱ.①高… Ⅲ.①法律—中国—文集 Ⅳ.①D920.4-53

中国版本图书馆CIP数据核字（2022）第108318号

责任编辑：庞从容　　　　责任校对：王　岩
执行编辑：赵利肖　　　　责任印制：刘译文

法律的印记

高　慧　著

出版发行：	知识产权出版社 有限责任公司	网　址：	http://www.ipph.cn
社　址：	北京市海淀区气象路50号院	邮　编：	100081
责编电话：	010-82000860转8726	责编邮箱：	pangcongrong@163.com
发行电话：	010-82000860转8101/8102	发行传真：	010-82000893/82005070
印　刷：	北京建宏印刷有限公司	经　销：	新华书店、各大网上书店及相关专业书店
开　本：	880mm×1230mm 1/32	印　张：	4.875
版　次：	2022年7月第1版	印　次：	2022年7月第1次印刷
字　数：	113千字	定　价：	68.00元
ISBN 978-7-5130-8218-1			

出版权专有　侵权必究
如有印装质量问题，本社负责调换。

法律是人类最大的发明,别的发明使人类学会了如何驾驭自然,而法律使人类学会如何驾驭自己。

——博登海默

序

大概是平凡之人多半对大师的逸事感兴趣吧，最近读了恃才傲物大师黄侃先生的一些逸事。黄侃先生常以顾炎武先生的"著书必前之所未尝有，后之所不可无"以自励。他的老师章太炎先生笑称："人轻著书，妄也；子重著书，吝也。妄不智，吝不仁。"其答曰："年五十，当着笔矣。"

黄侃先生之对待学问必讲科学方法，其曰："所谓科学方法，一曰不忽细微，一曰善于解剖，一曰必有证据。"

法律是一门无限接近科学的社会学，必以科学的方法对之。从事律师工作和大师做学问有异曲同工之妙。很多时候，我们已经把法学课堂上学习的知识归还给了老师。但是，我们在法学院学到了一种法律思维的方式，知道如何用法律思维思考法律问题和社会问题。

很多诸如我一般穷苦出身的孩子，沿着高考的阶梯往上爬，执着于"爱拼才会赢"，每一步都想做得扎扎实实，也必讲究科学的方法。

当然，生活和工作如果一味绷得太紧，反而容易出错。因此，既不能对自己要求过高，也不能降低对生活和做事品质的追求。

凡此方法，因人而异。黄侃先生所执着的"不忽细微，善于解剖，必有证据"则是我辈后进努力学习的榜样。因此，作为后进之生，得以将自己摸索的体会、经验不忽细微地解剖给更多的后进之生，凡此种种，才会觉得人间值得。

正如德国法学家萨维尼所言："解释法律系法律学之开端，并为其基础，系一项科学性工作，但又为一种艺术。"期望读者能够以一种"野花看欲尽，林鸟听犹新"的心境展开阅读，一路追寻德国著名法学家拉伦茨所期待的"法律解释者都希望在法律中寻获其时代问题的答案"。

法律点燃了奋斗者的焰火，照亮善良人和自由人的天空。感谢我们能在这个不确定的时代相遇，继续燃烧内心的激情与梦想。

2022 年 3 月于上海

目 录

第一篇　正义是世界的本原

一、正义的图腾　002

二、程序是正义的蒙眼布　003

三、三人行，必得正义　007

四、律师是守护庭院的最后一道篱笆　008

五、不可用大炮打小鸟　010

六、洞穴探险者案的法哲学思考　011

七、谁来监督监督者　019

第二篇　法谚札记，无问西东

一、法不阿贵，绳不绕曲　021

二、民一于君，事断于法　023

三、出罪，举重以明轻；入罪，举轻以明重　025

四、亲亲相为隐，同居相为隐　026

五、我不同意你的观点，但我誓死捍卫你说话的权利　028

六、带来安定的两种力量：法律和礼貌　029

七、法律之内，应有天理人情在　031

八、良法得到普遍遵从乃法治　032

i

九、善良公民的座右铭：严格地服从，自由地批判　034

十、程序是法治和恣意而治的分水岭　035

十一、法无授权即禁止，法无禁止即自由　037

十二、言论自由是一切权利之母　038

十三、一个人挥舞胳膊的自由止于别人鼻子的地方　039

十四、法无明文规定不为罪，法无明文规定不处罚　040

十五、迟到的正义非正义　042

十六、不知法者不利，法律为聪明人而立　054

十七、正义不仅应当得到实现，而且应当以人们能够看得见的方式实现　055

十八、法庭上，只有证据，没有事实　056

十九、类似事项应予类似判决　057

二十、一次不公正的裁判，其恶果甚至超过十次犯罪　058

二十一、任何人不得从自己的错误行为中获益　059

二十二、爱与喜欢在法律的眼里毫无价值　063

二十三、法律不强人所难　064

二十四、任何人都无须自证其罪　067

二十五、在民法慈母般的眼神中，每个人就是整个国家　068

二十六、住宅是个人的城堡，风能进，雨能进，国王不能进　069

二十七、从身份到契约，契约是当事人间的法律　071

二十八、法律只保护表达方式不保护思想本身　071

二十九、法律不保护躺在权利上睡觉的人　072

第三篇　法律人的轨道

一、番茄是水果还是蔬菜　075

二、学习法律可以当总统吗　077

三、像法律人一样思考　080

　　四、法律人的商业文明与商业思维　083

　　五、法律人的思辨性思维　085

　　六、法律人的信仰与仪式感　087

　　七、"知鱼乐处"还是"处乐鱼知"　089

　　八、青年律师的成长　092

　　九、律师助理的成长　096

第四篇　法律之外，成长的印记

　　一、我手写我口　106

　　二、人生断想：我的星空，我的轨道　107

　　三、写在旅途中　108

　　四、Engineering Design Future　111

　　五、管理始于自修，自强于加持　114

　　六、不为功利所累，为生命的成长确定方向　116

　　七、一封家书　118

　　八、眼见与自信　119

第五篇　法律之外，诗和远方

　　一、诗意世界，同气连枝　123

　　二、故乡的土　129

　　三、统万城　130

　　四、龙洲丹霞　130

　　五、青春恰自来　132

　　六、江　南　134

七、乡间的声响　135

八、秋　天　137

九、在延安的日子　138

十、路遥和他的《平凡的世界》　140

十一、折一枝柳，养一弯碧波　141

十二、山　花　142

十三、折一支口哨，吹响春天的序曲　142

十四、我在戈壁等你　143

十五、鸿蒙混沌，一抔尘土　144

十六、少　年　145

十七、听，你清洗世界的声音　145

十八、母　亲　146

十九、延河，流淌着的梦　146

第一篇　正义是世界的本原

古希腊著名的数学家、哲学家毕达哥拉斯曾提出一个著名的论断："数是世界的本原。"沿着数的轨迹，我们进入了数字时代。这个世界充满了扑朔迷离，才值得我们一代一代人不懈地探索。

万物之中，生长最美。古希腊著名哲学家苏格拉底给人生这样定义："未经审视的人生不值得过。"如果有一天，我们沉沦了，懈怠了，不成长了，那么我们也就不再美了。

所以，爱美的人都喜欢照镜子审视自己。在法律人的世界里，正义是他的镜子，是世界的本原。

学习法律多半不能使我们成为富人。但是，学法律可以让穷人和富人获得平等的尊重，可以让穷人像富人一样过体面的生活。

法律人不仅自己追求获得尊重，过得体面，还希望周围的人和他们一样过得体面，获得尊重。这就是法律人的使命，可以用正义审视的一生。

正义让每一个公民在这个世界上自由活动而免于恐惧，免于被非正义侵扰。对于人类而言，正义是我们生活中最低的道德准则。科技日新月异，世界总是在不确定中变化，唯正义永恒。在人类历史的长河中，我们跨过丛林正义走向裁判正义。最直击心底的正义便是平等参与，体面生活，获得尊重，在有序的世界中活出自己的精彩。

一、正义的图腾

人类秩序的建立离不开圣贤之人和法律图腾。南朝宋时期范晔在《后汉书·列传·邓张徐张胡列传》中赞誉圣人孔子和司法始祖皋陶为"孔子垂经典，皋陶造法律"。

"皋陶造法"的典故源自《尚书·大禹谟》《史记·十二本纪·五帝本纪》。《尚书·大禹谟》记载："帝曰：皋陶，惟兹臣庶，罔或干予正。汝作士，明于五刑，以弼五教。期于予治，刑期于无刑，民协于中，时乃功，懋哉！"汉·司马迁《史记·十二本纪·五帝本纪》记载："舜曰：皋陶，蛮夷猾夏，寇贼奸宄，汝作士，五刑有服，五服三就；五流有度，五度三居：维明能信。"

追溯历史，皋陶是中国最早可考证的司法始祖。法官称之为"士师"。据明代李贤在《明一统志》中记载："皋陶，洪洞人，县南十三里，墓木之西，庙于崇坡之上，守臣以岁祀焉，制也。"明代于谦曾赋诗一首《过皋陶庙》，曰："明刑弼教佐雍熙，千载嘉谟仰士师。故里凄凉遗旧冢，穿碑剥落倚荒祠。虞廷法立人无犯，后世民生伪益滋。庙貌幸存神未泯，赓歌犹得想当时。"以此盛赞司法始祖皋陶治世之功绩。

皋陶像

"皋陶造法，獬豸断狱"是中国古代司法起源和追求程序正义的一个重要写照。据南朝宋时期范晔《后汉书·舆服志》记载："獬豸，神羊，能辨别曲直，楚王尝获之，故以为冠。"至东汉，皋陶像与獬豸图是为廷尉、大理寺等断狱大堂布局，而獬豸冠则为法冠，执法官也因此被称为獬豸。至清，监察御使和按察使等监察司法官员都一律戴獬豸冠，穿前后皆绣有獬豸图样的补服。

獬豸像

东汉王充在《论衡·卷十七·是应篇》亦记载："儒者说云：觟𧣾者，一角之羊也，性知有罪。皋陶治狱，其罪疑者令羊触之，有罪则触，无罪则不触。斯盖天生一角圣兽，助狱为验，故皋陶敬羊，起坐事之。此则神奇瑞应之类也。曰：夫觟𧣾则复屈轶之语也。羊本二角，觟𧣾一角，体损於群，不及众类，何以为奇？鳖三足曰能，龟三足曰贲。案能与贲，不能神於四足之龟鳖；一角之羊何能圣於两角之禽？"东汉许慎亦在《说文解字》中解释："'灋'，刑也，平之如水，从水；廌，所以触不直者；去之，从去。"

现山西洪洞县有皋陶村又名士师村、羊獬村，为中国古代"皋陶造法，獬豸断狱"记载的遗址。

二、程序是正义的蒙眼布

为什么蒙眼女神象征正义？这要从古希腊和古罗马说起，据赫西俄德《神普》记载，泰美斯（Themis，希腊语：Θέμις，即"法律"）是古希腊神话诸神图谱中主持正义和秩序的女神，而朱斯提提亚（Justitia，衍生出 Justice、jur、just 等诸多与法律相关的词汇）是古罗马正义女神。古罗马正义女神像的背面刻有著名的古罗马法律格言："为实现正义，哪怕天崩地裂。"

正义女神的雕像矗立在世界各地很多法院和法学院。那么正义女神为什么蒙着眼睛？一种合乎理性的解释是："裁判官应当用理智来裁判公平，而不是用眼睛来裁判是非。"

被众多 17 世纪画家奉为圣经的西萨尔·利帕的肖像画《像章学》中所刻画的正义女神形象为："正义，其形象为一蒙眼女性，穿白袍，戴金冠，左手提一秤，置膝上，右手举一剑，倚束棒。束棒缠一条蛇，脚下坐一只狗，案头放权杖一支、书籍若干及骷髅一个。白袍，象征道德无瑕，刚直不阿；蒙眼，象征司法靠理智，不靠感官；王冠，象征正义尊贵无比；秤，象征裁量公平，不多不少；剑，表示制裁严厉，绝不姑息；蛇与狗，分别代表仇恨与友情，两者都不得影响裁判。权杖代表威严，书籍载法，骷髅象征人的生命脆弱，正义永恒……"

正义女神像

德国著名法学家鲁道夫·冯·耶林精辟地诠释了正义女神的内涵："正义之神一手提着天平，用它衡量法；另一只手握着剑，用它维护法。剑如果不带着天平，就是赤裸裸的暴力；天平如果不带着剑，就意味着软弱无力。"

美国著名法学家柯维尔则更进一步诠释为："蒙眼不是失明，是自我约束，是刻意选择的一种姿态。"

第一篇 正义是世界的本原

德国法兰克福
正义女神雕像

瑞士伯尔尼
正义女神雕像

爱尔兰都柏林正义女神雕像

英国伦敦英格兰和威尔士刑事法院正义女神雕像

美国华盛顿大学
正义女神雕像

中国香港高等法院
正义女神雕像

三、三人行，必得正义

古人为了让圣贤之书能够按照原本传承下去，想了一个非常聪明的办法，就是把它刻在石碑上，这就是我们今天在西安碑林看到的古代活着的图书馆。

子曰："三人行，必得我师焉，择其善者而从之，其不善者而改之。"是西安碑林《论语》碑刻上的孔子经典语录，与我们在《论语》书中看到的这句语录有一字之别，一个为"得"，一个为"有"。"得"字和"有"字在浩瀚的汉语语义里表达的意思和内涵完全不同。

我们常常只记住了这句话的前半段而忽略了后半段，但是这句话的精髓在后半段，"择其善者而从之，其不善者而改之"。

古人讲"君子之道"。什么是"君子之道"？有人读出的是正直，有人读出的是正义，有人读出的是百节长青，有人读出的是"择其善者而从之，其不善者而改之"。

今天，我们生活在一个交互的世界。人机交互，机器学习让世界变得更加智能；虚拟世界和现实世界的交互让世界变得更加 VUCA［volatility（易变），uncertainty（不确定），complexity（复杂），ambiguity（模糊）］。我们在交互和 VUCA 中得到正义，"择其善者而从之，其不善者而改之"。

今天，我们生活在一个治愈的世界，现实中有竞争，有合作，有柴米油盐酱醋的烦恼，也有炊烟袅袅的生活气息，更有正义与罪恶的较量。也正如萧伯纳所说："生活不是寻找自己，而是塑造自己。"我们在塑造自己的过程中得到正义，"择其善者而从之，其不善者而改之"。

今天，我们生活在一个团队当中，共事、同行、获得财富和自由。在这个过程中，团队之间要互相照镜子，三人行，必有一人得正义，择其善者而从之，其不善者而改之。

我们很多企业家取得了一定的成功，往往就会忽略了照镜子的重要性，只想着实现小目标，而忘却了正义的重要性。没有正义地对待同行的事业，终究会经历孔尚任《桃花扇》所唱的那一幕："眼看他起朱楼，眼看他宴宾客，眼看他楼塌了。"

四、律师是守护庭院的最后一道篱笆

律师是自有法律以来人类活动最伟大的发明之一。这个群体让人们自由地活动而免于遭受恐惧，让人们自由地活动而免于遭受侵犯。

谈到律师，我们首先要谈谈公民精神。

什么是公民精神？我的理解："平等参与，服从秩序，自由批判，不扰他人。"

但是，不是每个人都会平等参与，不是每个人都服从秩序，不是每个人都会自由批判，也不是每个人都不扰他人。所以，我们需要法律，需要秩序，需要律师。

律师是守护庭院的最后一道篱笆。如果没有这道篱笆，我们会感到恐惧，睡不踏实，担心受侵犯。

在东方关系学中，人们经商、论道、处理问题避免不了盲目地认为关系很重要。但是，在法治国家中，一叶蔽目地认为这道篱笆是稻草人，是纸老虎，十有八九都经历过孔尚任《桃花扇》中所唱的那一幕："眼看他起朱楼，眼看他宴宾客，眼看他楼塌了。"

中国古代最早可考证的律师为春秋时期郑国"名辨之学"的创

始人邓析。据《列子·力命》记载，邓析"操两可之说，设无穷之辞"。可见当时诉师邓析的声誉之高。

据《吕氏春秋·审应览·离谓》记载："令无穷，则邓析应之亦无穷矣。""与民之有狱者约：大狱一衣，小狱襦袴。民之献衣襦袴而学讼者，不可胜数。""洧水甚大，郑之富人有溺者，人得其死者。富人请赎之，其人求金甚多。以告邓析，邓析曰：'安之。人必莫之卖矣。'得死者患之，以告邓析，邓析又答之曰：'安之。此必无所更买矣。'"可见，在百家争鸣的春秋时期，诉师亦达到鼎盛。

律师在历史的秩序中往往因"操两可之说，设无穷之辞"而不受尊重，甚至多有谣言。如何真正认识律师的价值？我们不妨从历史中领悟其中的道理。在古代历史中，谣言危害极深。《吕氏春秋·察传》记载了一个宋人打井挖出活人的谣言："宋之丁氏家无井，而出溉汲，常一人居外。及其家穿井，告人曰：'吾穿井得一人。'有闻而传之者曰：'丁氏穿井得一人。'国人道之，闻之于宋君。宋君令人问之于丁氏，丁氏对曰：'得一人之使，非得一人于井中也。'"

大师梁启超先生在《李鸿章传》中评论道："天下惟庸人无咎无誉。举天下人而恶之，斯可谓非常之奸雄矣乎。举天下人而誉之，斯可谓非常之豪杰矣乎。虽然，天下人云者，常人居其千百，而非常人不得其一，以常人而论非常人，乌见其可？故誉满天下，未必不为乡愿；谤满天下，未必不为伟人。"

圣人孔子曰："君子有九思：视思明，听思聪，色思温，貌思恭，言思忠，事思敬，疑思问，忿思难，见得思义。"

九思行，谣言止。三国之曹操，东汉末年最著名的政治家、军事家和诗人，无论是人品还是才华，恐怕在那个时代无人能及。用曹操自己的话评价："设使国家无有孤，正不知几人称帝几人称王。"但是,却被罗贯中的《三国演义》写成了一代枭雄、奸臣,且梦中好杀人。为此,大师胡适先生在《实验主义》中写道:"实在是我们自己改造过的实在。这个实在里面含有无数人造的分子。实在是一个很服从的女孩子,他百依百顺的由我们替他涂抹起来,装扮起来。实好比一块大理石到了我们手里,由我们雕成什么像。"

五、不可用大炮打小鸟

英国著名法学家韦德曾评价什么是法治:"一个英国人可以幸福地过完一生,他不需要意识到政府的存在,除了邮差和警察。"

警察或者公权力的拥有者,是善良公民得以维持安定生活的守夜人。世界是混沌的但是有秩序的,警察或者公权力的拥有者是维持秩序的守夜人。

因此,**警察或者公权力的拥有者在维持秩序的过程中,对于善良公民之行为准则,应给予必需的信赖保护和比例平衡。**

信赖保护原则顾名思义就是公民对公权力做出的授益行为,相信公权力是不会犯错的。即便是公权力犯错,也不应当由公民基于对公权力的信赖而遭受损失。

信赖保护原则最典型的例子就是北京大学退档河南考生案。北京大学拥有一定的高考自主招生权限。但是,这是一种公权力的授权,其公布的招生规则对于考生来说形成合理的信赖保护。该考生以538分的成绩投档提前批北京大学贫困地区国家专项计划,但北京大学随后以其高考成绩过低,极有可能因完不成学业被退学为由,表示要退回该生档案。最终,河南考生在舆论的监督下,顺利地进入了北京大学。

北京大学退档河南考生案例折射出善良公民对公权力授益行为的一个片段。现实生活中，最为典型的就是政府的奖励、政府的经营性许可，因情势变更或者存在错误而撤销或撤回。但是，无论是否因为公共利益的需要或纠正恶法的需要，授益的公民基于信赖保护原则，可以获得与之相对应的赔偿。

"不可用大炮打小鸟"，其隐喻的是对公权力的限制，即比例原则，就是限制公权力对公民可能造成的不是必需的损害。法治社会，最鲜明的特征是警察社会，对警察权力的限制，莫过于比例原则。

1931年颁布的《普鲁士警察行政法》对警察权力的限制即体现了现代契约社会之比例原则："警察处分必须具有必要性方属合法。若有多种方法足以维持公共安全或秩序，或有效地防御对公共安全或秩序有危害之危险，则警察得选择其中一种，惟警察应尽可能选择对关系人与一般大众造成损害最小方法为之。"

六、洞穴探险者案的法哲学思考

美国著名法学家富勒1949年在《哈佛法律评论》发表了一篇虚构的案例 *"The Case of the Spelucean Explorers"*，即洞穴探险者案，该案引起了法学家们极大的兴趣和热烈的讨论，被称为"20世纪法学解释精要"。洞穴探险者案中5位大法官基于不同的法理学视角，基于法律适用的正当性和正义性对这个特别的案件进行了激烈的争论，但是5位大法官得出的裁判意见却不尽相同。其中4位大法官的意见形成2对2的僵局，而第5位大法官的意见则成为裁判的决定性意见。

我们不得不问，凭什么这5位大法官可以决定洞穴探险者案件的生还者有罪或者无罪？当4位大法官意见陷入僵局的时候，凭什么第5位大法官的意见可以决定洞穴探险者案件生还者的生死？一个案件，5位大法官拿到的证据是一样的，适用相同的法律，为什么会得出不同的裁判意见？法律应当是有预见性的，类似的案件应当得到类似的裁判，这背后到底是什么力量让这5位资深大法官坚持己见？这体现的是法律背后的价值选择。

4299年，纽卡斯国洞穴探险者协会的威特莫尔等5位探险爱好者在春末夏初之际进入位于联邦中央高原的石灰岩洞探险。不幸的是，当他们进入洞内时发生了山崩，岩石挡住了石灰岩洞的唯一出口。5位探险者受困后只能在洞口附近等待救援，由于探险者未按时回家，他们的家属联系探险者协会寻求帮助，探险者协会立即联系了一个营救队伍火速赶往出事洞穴。

由于洞穴地处偏远，山崩仍在继续，营救任务的困难大大超出了预想。更不幸的是，营救过程中的一次山崩夺去了1名营救人员的生命。而洞穴内5位探险者的情况也不容乐观，他们随身所带的食物有限，洞内也没有可以维持生命的动物或植物，探险者很可能会在出口打通前饿死。

在探险队伍被困的第20天，营救人员获知探险者随身携带了一个可以收发信息的无线设备，洞外人员迅速通过无线电与受困的探险者取得了联络。当探险者问还要多久才能获救时，组织营救的工程师告知至少需要10天，于是受困的探险者向营救人员中的医生描述了各自的身体状况，然后询问医生，在没有食物的情况下，他们是否有可能再活10天。当医生给出否定的回答后，洞内的通信设备便与外界失去联系了。8小时后，通信恢复，探险者要求再次与医生通话，威特莫尔代表本人以及4位同伴询问，如果吃掉其中一个成员，能否再活 10 天。虽然这种情况违反职业伦理，医生还是给予了肯定的答复。威特莫尔又问，通过抓阄决定吃掉他们中的一个是否可行？医生认为这个问题应该由镇长来回答，镇长不愿意回答这个问题。然后探险者要求牧师来回答这个问题，牧师也不愿意回答这个问题。在确定没有人可以回答这个问题后，洞内就没有再传来任何消息。在探险者被困洞穴的第 32 天，营救通道打通。当营救人员进入洞穴后，人们得知在探险人员受困的第 23 天，威特莫尔已经被他的同伴杀掉吃了。

根据 4 位生还探险者的证词，在他们吃完随身携带的食物后，威特莫尔首先提议吃掉 1 位同伴来保全其他 4 位，也是威特莫尔首先提议通过抓阄来决定吃掉谁，因为他身上刚好带了一副骰子。4 位生还者本来不同意如此残酷的提议，但在探险者们获得外界营救信息后，他们接受了这一建议，并反复讨论了保证抓阄公平性的数学问题，最终选定了一种掷骰子的方法来决定他们的命运。作为这一方案的最初提议者，威特莫尔在掷骰子前又收回了意见。但是，其他 4 人仍执意这个提议。威特莫尔非常不幸地被选中作为牺牲者，最终他被同伴吃掉了。

4 位探险者获救后因营养失调而住院治疗。出院后，4 位获救者被指控谋杀威特莫尔。初审法庭经过特别裁决确认案件所述的事实，根据纽卡斯国刑法的规定，法官判定四位被告谋杀威特莫尔的罪名成立，判处绞刑，4 位被告向纽卡斯国最高法院提出上诉。

纽卡斯国最高法院由 5 位大法官组成，分别是特鲁派尼、福斯特、基恩、汉迪和唐丁，他们的判决将决定四位被告的命运。

第一位大法官特鲁派尼认为被告有罪，应当维持初审判决，但可以申请行政赦免。他认为，作为民主国家的法官，他的职责就在于根据法律条文的平常含义来作出自己的判决，而不能在立法机构所制定的法律条文中加入自己的价值偏好。刑法规定："任何故意剥夺他人生命的人都必须被判处死刑。"虽然同情心会促使法官体谅被告当时身处的悲惨境地，但法律条文不允许有任何例外。特鲁派尼大法官的裁判意见凸显了其法律形式主义和法律实证主义的立场，他充分尊重法律条文的本义。在做出这一宣判后，特鲁派尼提议通过行政长官的赦免来限制法律在本案中的严苛性。4位被告确实杀了人，也触犯了法令，其罪行无可辩驳，但其获罪背景并非出于谋杀，而是出于生存，情有可原，理应得到行政赦免或者减刑处理。在诸如此类不同寻常的案件中，行政赦免可以缓解法律的严苛。"因此，也许可以假定，这些被告将得到某种形式的宽大处理。假如的确如此，既可以实现正义，而又不会损失我们法典的精神，也不会鼓励任何漠视法律的行为。"基于以上理由，特鲁派尼法官认为，被告有罪，但可以申请行政赦免。

第二位大法官福斯特认为被告无罪，应当推翻初审法院的判决。他从两个方面进行了阐述：第一，纽卡斯国的刑法并不适用于这些受困于洞穴绝境中的探险者。根据社会契约理论，自然状态下的人们正是为了在文明社会里的和平共存才成立了政治国家，这一契约也构成了国家法律的强制力基础。但在5位探险者受困于洞穴时，现实的困境决定了他们并非处于"文明社会的状态"，而是处在社会契约论所说的"自然状态"。在这种自然状态下，威特莫尔所提出并经所有人同意的生死协定就构成了他们的社会契约，也是在本案中应该适用的有效法律。各个法律分支的共同目标都在于促进与改善人们的共存状态，调节共存状态下相互间关系的公正和平等。当人们可以共存的这一前提不复存在，就像案例中极端的情景下，生存只有通过剥夺他人的生命才成为可能时，支撑整个法律秩序的基本前提也失去了它的意义和作用。

第二，福斯特承认被告的行为违反了法律的字面含义，但是古老的法律谚语亦支持他的理论："一个人可以违反法律的表面规定而不违反法律本身。"任何法律规定都应该根据它的明确目的来获得合理解释。福斯特的判词集中体现了目的论的解释方法：法官在解释法律时必须考虑法律的合理目的，这与特鲁派尼大法官的立场形成了鲜明的对比。站在特鲁派尼的立场，或许可以说福斯特的法律解释理论可能造成司法僭权。"我前面运用的推理绝没影响对实定法的忠诚，尽管它提出了合理忠诚和不合理忠诚的问题。没有任何领导会要一个不能领会言外之意的仆人。再笨的女佣都知道，当她被告知'削掉汤羹的皮，撇去马铃薯的油脂'时，她的女主人只是口误而已……纠正明显的立法错误和疏漏不会取代立法者的意志，只是使其意志得到实现。"福斯特大法官主张法律精神比法令文字更重要，法律条文从来不是真正地依照一种意思被加以适用，一个人可以违反法律的表面规定而不违反法律本身。在刑事立法的主要目的是阻止人们犯罪的基础上，他还运用正当防卫的先例来类推被告人行为的正当性。人们在几个世纪以前就确立了自我防卫杀人免责的共识，但是法令本身并没有任何措辞表明这种例外。也就是说，正当防卫作为例外情况是不能与杀人构成犯罪的法律条文在字义上真正调和的，能与之调和的只有法律条文的目的，因为刑事立法的主要目的是阻止人们犯罪。如果宣布在自我防卫中杀人构成谋杀罪，这种规定将不能对攻击者起到威慑作用。当一个人生命受到威胁时，肯定会奋起反抗攻击者而不管法律是如何规定的。因此，依据刑事立法广义上的目的，人们可以有把握地宣布杀人命令的法令并没有打算适用于自我防卫。同样的推理可以适用于本案,被告的行为虽然违反了法令的字面含义,但他们当时陷于悲惨处境,是生是死的决定不应受到刑法规定的制约。

综上,福斯特法官认为,被告不能被认定为谋杀了威特莫尔,应无罪释放。

第三位大法官基恩认为被告有罪,应当维持初审法院判决。他认为,从立法至上原则引申出来的是法官有义务忠实适用法律条文,根据法律的平实含义来解释法律,而不能参考个人的意愿或个人的正义观念。作为一个法律形式主义者,"我不想讨论的问题是关于这些人所作所为的对错善恶。这同样是个无关法院职责的问题,因为法官宣誓适用的是法律,而不是个人的道德观念"。他认为,法律原本的目的是约束大多数人的行为,并对社会秩序作出规定,从而达到社会稳定的效果,并非追求个人的正义。基恩大法官提出疑问,为什么要对本该很明显的结论进行如此长的讨论?他讲道:"本案的所有困难从何而来?那就是未能区分本案的法律问题和道德因素。坦率地说,我的同事不愿意接受法律要求判决被告有罪的事实,我也同样如此。但与我同事不同的是,我尊重我的岗位职责,它要求我在解释和适用联邦法律的时候,把我个人的偏好抛在脑后。"在成功挑战目的解释论后,基恩大法官提出了民主政治中立法至上的原则。"从这个原则中引申出来的是法院有义务忠实适用制定法,根据法律的平实含义来解释法律,不能参考个人的意愿或正义观念。"之前的几位法官不愿意完全接受法律条文要求判决被告有罪的事实,基恩大法官同样如此。但是他与其他几位大法官的不同之处在于,他最忠于自己的岗位职责,职责要求法官在解释和适用联邦法律的时候,要把个人的偏好抛在脑后,将自己完全作为法律的代言人。换言之，就是不带感情，只看证据，完全按照法律来判决。特定的案件确实会牵涉道德因素，但司法不应受其影响，否则法令本身将与形而上学的逻辑混在一起，长此以往，危害会更大。所以，正确的做法应该是经过个案的论证来修改法令，而非以其他手段来影响法令执行。在这一基础上，基恩大法官得出了自己的结论：被告确实故意剥夺了威特莫尔的生命。

第四位大法官汉迪主张撤销本案初审的有罪判决。汉迪大法官是最高法院内的法律现实主义者与实用主义者。他认为，法律为人服务才有意义，他建议法庭应该运用常识来裁判案件。汉迪大法官指出："这是一个实用智慧的问题，它无关乎抽象的理论，而关系人类的现实。""政府是一种人类事务，人们不是被报纸上的言辞或抽象的理论所统治，而是被其他人所统治。如果统治者理解民众的感情和观念就会带来仁政。但如果统治者缺乏这种理解，民众感受到的只能是暴政。在所有的政府分支中，司法部门最容易失去与普通民众的联系。"虽然在关于法律应不应该考虑民意的讨论中，很多人认为社会舆论是情绪化的，说变就变，因为它是建立在真假参半的陈词和偏信未经交叉询问的证人的基础之上的；但是，法律的本质是为人服务，如果在一切关于案件的信息都被暴露的情况下，多数人的常识告诉他们应该判定无罪，那么法律就应该判定无罪，因为这是绝大多数人的常识。那么民众的常识和意志是什么？汉迪大法官提出了主流媒体的一个民意调查——"你认为最高法院应该如何处理洞穴探险者案？"大约90%的受访者认为应该宽恕被告或仅给予象征性的处罚，民众的态度显而易见。汉迪大法官从法庭应该考虑民情出发，主张被告的被控罪名不成立。

鉴于四位大法官的表决形成两票对两票，第五位大法官唐丁的意见决定了被告的最终命运。唐丁大法官的判词首先把靶子指向福斯特大法官，如果说本案应该适用"自然法"，那么他们这些并非处于自然状态的法官又从何处取得解释自然法的权力呢？他认为"自然法"的论述是站不住脚的，因为没有办法在真正意义上界定联邦法律是否可以介入事件。倘若法律真的可以介入或者不介入，那么一定有一个节点界定了"自然法"的管辖范围；倘若这个节点存在，被告因为超出了联邦法律的约束而进入"自然法"状态，那么相应地，节点中的一切事件在事件发生时也都应当不被承认，所以论述无效。而针对福斯特的目的解释理论，唐丁大法官认为法律的目的有时是难以确定的，有时是多重的，目的与目的之间有时也会出现冲突。在批判了福斯特的立场后，唐丁大法官或许可以按照法律的文本作出被告有罪的判决。但唐丁大法官还是在最后道出了自己身处的两难困境：一方面无法接受福斯特大法官的裁判意见；另一方面，"当我倾向于维持初审判决，我又显得多么荒谬，这些将被处死的人是以一名英雄的生命为代价换来的"。他认为，饥饿不是杀人的理由，因饥饿杀人是有罪的。但与此同时，虽然他倾向于这些人有罪，但是他们的性命是牺牲了一名队员换回来的，同时他们在作出决定的时候，可能没有其他更有效的抉择。在这里，法理与情理发生了冲突，生命与生命的价值不再对等。唐丁大法官最终作出最高法院历史上没有先例的裁决：宣布退出对本案的判决。

由于唐丁大法官的弃权，最高法院5位法官的立场出现了戏剧性的僵局，而这意味着初审法院的判决得到维持。

以上就是法学家富勒撰写的5位大法官的判决意见。五位大法官发言后，首席法官作出的判决结果为被告有罪，执行死刑。

4300年4月2日上午6时，4名被告人被执行死刑。

七、谁来监督监督者

法国思想家孟德斯鸠认为:"一切有权力的人都容易滥用权力,这是万古不易的一条经验……有权力的人使用权力直到遇有界限的地方才休止。"英国思想史学家阿克顿认为:"权力导致腐败,绝对的权力绝对地导致腐败。"

在历史的秩序中,人人都认为,权力应当受到制约,权力应当受到监督。

但是,谁来监督监督者?权力不仅要受到监督,还要有制衡机制。立法、行政、司法相互独立,相互制衡,相互监督,让监督者亦受到监督。然而,立法、行政、司法亦为权力机关。当权力出现寻租时,制衡就会被打破。因此,人民和人民的小喇叭舆论是监督者的监督人。

人民权力的觉醒最直观的感知便是人民自觉对监督者的监督。全过程民主,其实就是要让立法、行政、司法在阳光下接受人民的监督。

历史上,中华人民共和国缔造者毛泽东同志和黄炎培先生著名的"窑洞对"已经对谁来监督监督者作出了最有力的回答。

1945年7月,身为国民参政员的黄炎培先生应中共中央邀请访问延安,便有了著名的"窑洞对"。黄炎培先生对毛泽东说:"我生六十多年,耳闻的不说,所亲眼见到的,真所谓'其兴也浡焉,其亡也忽焉',一人、一家、一团体、一地方,乃至一国,不少单位都没有能跳出这周期率的支配力。大凡初时聚精会神,没有一事不用心,没有一人不卖力,也许那时艰难困苦,只有从万死中觅取一生。既而环境渐渐好转了，精神也就渐渐放下了。有的因为历时长久，自然地惰性发作，由少数演为多数，到风气养成，虽有大力，无法扭转，并且无法补救。也有因为区域一步步扩大了，它的扩大，有的出于自然发展，有的为功业欲所驱使，强求发展，到干部人才渐见竭蹶、艰于应付的时候，环境倒越加复杂起来了，控制力不免趋于薄弱了。一部历史，'政急宦成'的也有，'人亡政息'的也有，'求荣取辱'的也有。总之没有能跳出这周期率的。中共诸君从过去到现在，我略略了解的了。就是希望找出一条新路，来跳出这周期率的支配。"（黄炎培，《延安归来》）

毛泽东答："我们已经找到新路，我们能跳出这周期率。这条新路，就是民主。只有让人民来监督政府，政府才不敢松懈。只有人人起来负责，才不会人亡政息。"（黄炎培，《延安归来》）

第二篇　法谚札记，无问西东

法律的魅力在哪里？它们藏在那些古老的法律格言中。如果你正在喜欢上法律，一定不能错过那些折射出哲学智慧的法律格言。阅历越多，体验越深。霍姆斯大法官说："法律的生命在于经验，而不是逻辑。"这些凝结了人类智慧经验的法律格言，是经验和逻辑沉淀在我们心中的价值准则。法律的规制或者规制的法律，如果我们像剥洋葱一样，一层一层剥下去，留到最后的就是一个价值判断，它常常反映在我们所熟知的法律格言当中。

一、法不阿贵，绳不绕曲

春秋战国，百家争鸣。那是一个最坏的时代，也是最好的时代。纵横捭阖者有之，自成一家者有之。法家无疑是这个时代最出彩的，法家之集大成者韩非子喊出了那个时代的最强音："法不阿贵，绳不绕曲。"

《史记·老子韩非列传》载：韩非子"喜刑名法术之学……作孤愤、五蠹、内外储、说林、说难十馀万言"。"秦王见孤愤、五蠹之书，曰：'嗟乎，寡人得见此人与之游，死不恨矣！'"

司马迁对韩非子颇有赞誉，《史记·太史公自序》直言："韩非囚秦，说难、孤愤；诗三百篇，大抵贤圣发愤之所为作也。"

韩非子在《有度》篇章中以墨绳不迁就弯曲为楔，阐述了法律的本原是追求公平、正义，法律不向权贵低头，乃治国之道。

其在《有度》中阐述道："巧匠目意中绳，然必先以规矩为度；上智捷举中事，必以先王之法为比。故绳直而枉木斲，准夷而高科削，权衡悬而重益轻，斗石设而多益少。故以法治国，举措而已矣。法不阿贵，绳不挠曲。法之所加，智者弗能辞，勇者弗敢争。刑过不避大臣，赏善不遗匹夫。"

韩非子与慎到、申不害、商鞅、李斯等开创了法家的"势、术、法"学派，且博取各家之长。在《定法》篇中阐述了其对"术"和"法"的见解。问者曰："主用申子之术，而官行商君之法，可乎？"对曰："申子未尽于术，商君未尽于法也。申子言：'治不逾官，虽知弗言。'治不逾官，谓之守职也可；知而弗言，是不谓过也。人主以一国目视，故视莫明焉；以一国耳听，故听莫聪焉。今知而弗言，则人主尚安假借矣？商君之法曰：'斩一首者爵一级，欲为官者为五十石之官；斩二首者爵二级，欲为官者为百石之官。'官爵之迁与斩首之功相称也。今有法曰：'斩首者令为医、匠。'则屋不成而病不已。夫匠者手巧也，而医者齐药也，而以斩首之功为之，则不当其能。今治官者，智能也；今斩首者，勇力之所加也。以勇力之所加而治智能之官，是以斩首之功为医、匠也。故曰：二子之于法术，皆未尽善也。"

纵观韩非子"法不阿贵，绳不挠曲"的法家思想，几千年来我们何尝不是追寻着"法律面前人人平等"这条合乎人心的荆棘之路负重前行。

我们翻开《中华人民共和国刑事诉讼法》（2018年修正），其中第6条规定："对于一切公民，在适用法律上一律平等，在法律面前，不允许有任何特权"，这里面彰显着法家思想的智慧光芒。

美国著名法学家博登海默在《法理学：法律哲学与法律方法》中阐述了平等的要义："一方面，人类具有得到尊重的欲望，因而同时具有受到平等待遇的欲望。当那些认为自己同他人是平等的人却在法律上得到了不平等待遇时，他们就会产生一种卑微感，亦即产生一种他们的人格与共同的人性遭到侵损的感觉。反之，当自己与他人受到了平等待遇时，才认为自己得到了尊重。另一方面，对一切善的行为进行奖赏，对一切恶的行为进行惩罚，而且奖赏、惩罚的程度应当分别与善、恶的程度相均衡。"

经济学家哈耶克在《通往奴役之路》中也阐述道："要使法治生效，应当有一个常常毫无例外地适用的规则，这一点比这个规则的内容为何更为重要。只要同样的规则能够普遍实施，至于这个规则的内容如何倒还是次要的……究竟我们大家沿着马路的左边还是右边开车是无所谓的，只要我们大家都做同样的事就行。重要的是，规则使我们能够正确地预测别人的行动，而这就需要它应当适用于一切情况——即使在某种特殊情形下，我们觉得它是没有道理的。"

当权力向权利低头，当权力向法律低头，法治时代必然是合乎人心的时代。

二、民一于君，事断于法

法家开山鼻祖慎到留下的著述并不多，但他是稷下学宫中最具有影响力的学者，著有《慎子》一书。《史记·孟子荀卿列传》记载："慎到著十二论。"徐广注释道："今《慎子》，刘向所定，有四十一篇。"班固《汉书·艺文志》著录为四十二篇，宋《崇文总目》记为三十七篇。清朝钱熙祚合编为七篇，刻入《守山阁丛书》。现存《慎子》七篇，即《威德》《因循》《民杂》《德立》《君人》《知忠》《君臣》。

慎到的主要法律思想记载于其撰写的《逸文》中，其最核心的思想是："法非从天下，非从地出，发于人间，合乎人心而已。"

首先，法律的制定要合乎人心。其次，"有权衡者，不可欺以轻重；有尺寸者，不可差以长短；有法度者，不可巧以诈伪"。"故治国无其法，则乱；守法而不变，则衰；有法而行私，谓之不法。以力役法者，百姓也；以死守法者，有司也；以道变法者，君长也。"

"法之功，莫大使私不行；君之功，莫大使民不争。今立法而行私，是私与法争，其乱甚于无法；立君而尊贤，是贤与君争，其乱甚于无君。故有道之国，法立，则私议不行；君立，则贤者不尊。民一于君，事断于法，是国之大道也。""法者，所以齐天下之动，至公大定之制也。故智者不得越法而肆谋，辩者不得越法而肆议；士不得背法而有名，臣不得背法而有功。我喜可抑，我忿可窒，我法不可离也。骨肉可刑，亲戚可灭，至法不可阙也。"

今天我们重读慎子的思想，依然醍醐灌顶。在慎子看来，法律的制定要合乎人心，法治要治私行，至公大定，事断于法，是治国大道。

如果争议不能止于法律，公权力就会逾越法律。如果私权利逾越法律，争议也将永无安定之日。

三、出罪，举重以明轻；入罪，举轻以明重

"入罪，举轻以明重"是指一个造成法益损害较重的行为由于法律条文未作规定，可以采取举轻以明重的法理处断。即一个较轻的造成法益损害的行为被刑法规定构成犯罪，那么造成法益损害的较重的行为理之当然以犯罪论处。

"出罪，举重以明轻"是指一个较轻的法益损害行为，被指控为犯罪行为，可以采用举重以明轻的法理处断。即一个较重的法益损害行为在刑法中规定不构成犯罪，那么造成法益损害较轻的行为更不应当构成犯罪。

"出罪，举重以明轻；入罪，举轻以明重"出自《唐律疏议·名例》第50条："诸断罪而无正条，其应出罪者，则举重以明轻；其应入罪者，则举轻以明重。"

"【疏】议曰：断罪无正条者，一部律内，犯无罪名。'其应出罪者'，依贼盗律：'夜无故人人家，主人登时杀者，勿论。'假有折伤，灼然不坐。又条：'盗缌麻以上财物，节级减凡盗之罪。'若犯诈欺及坐赃之类，在律虽无减文，盗罪尚得减科，余犯明从减法。此并'举重明轻'之类。

"【疏】议曰：案贼盗律：'谋杀期亲尊长，皆斩。'无已杀、已伤之文，如有杀、伤者，举始谋是轻，尚得死罪；杀及谋而已伤是重，明从皆斩之坐。又例云：'殴告大功尊长、小功尊属，不得以荫论。'若有殴告期亲尊长，举大功是轻，期亲是重，亦不得用荫。是'举轻明重'之类。"

我们把《唐律疏议》所规定的"出罪，举重以明轻；入罪，举

轻以明重"刑法适用原则视为"理之当然"的法理，或称之为当然解释或公理解释。

法谚曰："在法律条文的尽头，才是自由裁量的开始。"理之当然的解释并不属于法定解释或效力性解释。

法律必然会有漏洞，但是，法律也不需要将理之当然的事项一一规定在法律中。

因此，"出罪，举重以明轻；入罪，举轻以明重"既是对法官自由裁量权的限制，也是法律对之理之当然法理解释的公平正义之理。

四、亲亲相为隐，同居相为隐

"亲亲相为隐"出自《论语·子路》篇："叶公语：'吾党有直躬者，其父攘羊，而子证之。'孔子曰：'吾党之直者异于是，父为子隐，子为父隐。直在其中矣。'"

孔子认为："父为子隐，子为父隐。"这也是正义之所在。因此，至汉，宣弟以诏曰："父子之亲，夫妇之道，天性也。虽有患祸，犹蒙死而存之。诚爱结于心，仁厚之至也，岂能违之哉！自今，子首匿父母、妻匿夫、孙匿大父母，皆勿坐。其父母匿子、夫匿妻、大父母匿孙，罪殊死，皆上请廷尉以闻。"（《汉书·宣帝纪》）至唐，将"亲亲相为隐"扩至"同居相为隐"，即一起居住的，相隐亦为正义。《唐律疏议·名例》第46条："诸同居，若大功以上亲及外祖父母、外孙，若孙之妇、夫之兄弟及兄弟妻，有罪相为隐。"

"【疏】议曰：'同居'，谓同财共居，不限籍之同异，虽无服者,并是。'若大功以上亲',各依本服。'外祖父母、外孙若孙之妇、夫之兄弟及兄弟妻',服虽轻,论情重。故有罪者并相为隐,反报俱隐。此等外祖不及曾、高,外孙不及曾、玄也。

"部曲、奴婢为主隐:皆勿论,

"【疏】议曰:部曲、奴婢,主不为隐,听为主隐。非'谋叛'以上,并不坐。

"即漏露其事及擿语消息亦不坐。

"【疏】议曰:假有铸钱及盗之类,事须掩摄追收,遂'漏露其事'。'及擿语消息',谓报罪人所掩摄之事,令得隐避逃亡。为通相隐,故亦不坐。

"其小功以下相隐,减凡人三等。

"【疏】议曰:小功、缌麻,假有死罪隐藏,据凡人唯减一等,小功、缌麻又减凡人三等,总减四等,犹徒二年。

"若犯谋叛以上者,不用此律。

"【疏】议曰:谓谋反、谋大逆、谋叛,此等三事,并不得相隐,故不用相隐之律,各从本条科断。

"问曰:'小功以下相隐,减凡人三等。'若有漏露其事及擿语消息,亦得减罪以否?

"答曰:漏露其事及擿语消息,上文大功以上共相容隐义同,其于小功以下理亦不别。律恐烦文,故举相隐为例,亦减凡人三等。"

亲亲相为隐抑或同居相为隐,无论是儒家还是法家都遵循法治当合乎人心。因此,现代刑法中亦规定了亲亲相为隐和同居相为隐的原则。《中华人民共和国刑事诉讼法》(2018 年修正)第 62 条规定:"凡是知道案件情况的人,都有作证的义务。"但是,第 193 条亦规定:"被告人的配偶、父母、子女除外。"

五、我不同意你的观点，但我誓死捍卫你说话的权利

律师是保护善良公民权利的篱笆。法治社会，当律师保持沉默，就如枪炮声响，法律保持沉默一样令人恐惧。律师在法庭上唇枪舌剑，庭审结束后，相视而笑，给对方一个尊重。这其中所呈现的是法律人最基本的言论自由之信仰。"我不同意你的观点，但我誓死捍卫你说话的权利。"这句法律谚语是英国女作家伊夫林·比阿特丽斯·霍尔对启蒙时代大思想家伏尔泰一生为权利斗争的写照，成为今天律师出庭自觉遵守的一条价值准则。

尊重对方律师，归根结底是尊重对方律师说话的权利。律师出庭的一个基本原则是不损害他人，拿回当事人应当得到的。

律师首先是当事人的律师，运用法律捍卫当事人的权利。律师所面对的是一个职业共同体，他们需要向当事人释明，"法庭上只有证据，没有事实"。其次，当事人所理解的事实和律师所理解的事实是运行在不同逻辑推理体系中的，即律师所用的是一套法律规则和法理体系，而当事人往往容易按照经验法则思考问题和解决问题。

在英美国家中，律师在法庭上有表达"我反对"的权利。在议院中，议员们也经常为一个问题争执得面红耳赤。但是，作为反对派的一方来说，他可以不作任何回应。"我反对"，不需要先给一个反对的理由，这是自然法则赋予人最基本的权利。

在东方文化中，"我反对"往往被归为所处生态链的破坏者，而不被多数人所接受。东方文化中，道不同不相为谋。不同文化所形成的观念的改变不是一朝一夕可以实现的。东方文化深受中庸之

道哲学思想影响，缺少思辨性思考和理性反对的文化基因。

因此，先哲们总是最先明白"今天的真理可能是明天的谬论，维护今天谬论的人说话的权利，就是保留明天真理的火种。"

六、带来安定的两种力量：法律和礼貌

《歌德的格言和感想集》中有这么一句话："带来安定的是两种力量：法律和礼貌。"为什么法律和礼貌可以为我们带来安定？

德国著名法学家古斯塔夫·拉德布鲁赫认为："法的安定性的要求是：在任何一个法的争论中，总要有一个是最终的结论，哪怕这一结论是不切实际的。"（古斯塔夫·拉德布鲁赫，《法律智慧警句集》）

法律的朝令夕改比恶法带来的危害性更大。人们都希望生活在一个相对确定的社会当中，而必然要求法律具有安定性。正如古斯塔夫·拉德布鲁赫在他的《法律智慧警句集》写道："写诗不会对法大唱赞歌——决不会，因为很多诗人就是从法学院逃逸的学生。法属于最为僵化不变的文化构体，而艺术属于变动不居的时代精神的最为灵动的表现形式，两者处在自然的敌视状态之中。"

正因为诗性中充满了正义，我们所熟知的歌德、泰戈尔、席勒、海涅、巴尔扎克、雨果、列夫·托尔斯泰、卡夫卡、舒曼、胡适、徐志摩、海子都是从法学院逃逸的学生。无疑，诗人是追求自由的使者。但是，他们同时也承认，让我们得以安定，无外乎要在规则和秩序之中，而这种规则和秩序便是法律和礼貌。法律让大家可以在规则和秩序中得以安全、公平、正义地生活；礼貌是不受法律制约的普遍意义的道义规则，它是自发地在人们心中建立的有品质的

生活准则。正如政治家马基雅弗利所说:"由于有法律才能保障良好的举止,所以也要有良好的举止才能维护法律。"

儒家思想的创始人孔子在《论语语录》就阐述了"诗"和"礼"的重要性。"尝独立,鲤趋而过庭,曰:'学《诗》乎?'对曰:'未也'。'不学《诗》,无以言。'鲤退而学《诗》。他日,又独立,鲤趋而过庭,曰:'学《礼》乎?'对曰:'未也。''不学《礼》,无以立。'鲤退而学《礼》。"

在良法得到普遍遵守的社区,礼貌就是无形的法律。法律本质上是保护秩序的武力,礼貌是道德法则的至上。因此,良好的秩序既需要法律也需要礼貌。

英语中"礼仪"一词源于法语"Etiquette",形成于16世纪,原义是"法庭上的通行证",记载着当时人们进入法庭时应当遵守的事项。❶

英美法系国家,法庭布置得庄重典雅,法官身着黑色或红色的法袍,有的还戴着精致的假发或者帽子,审判席和审判庭形成明显的高低落差,处处显示着法庭的威严。法官普遍年龄偏大,一双炯炯有神的眼睛闪烁着慈祥睿智的光芒,身边堆放着厚厚的法典。法庭鸦雀无声,无论当事人还是旁听者,都怀着仰慕和崇拜的心情,注视着法官的举动,聆听着法官的声音。

---

❶ Merriam Webster: One definition of the French word étiquette is "ticket" or "label attached to something for identification." In 16th-century Spain, the French word was borrowed (and altered to "etiqueta") to refer to the written protocols describing orders of precedence and behavior demanded of those who appeared in court. Eventually, "etiqueta" came to be applied to the court ceremonies themselves as well as the documents which outlined the requirements for them. Interestingly, this then led to French speakers of the time attributing the second sense of "proper behavior" to their "étiquette", and in the middle of the 18th century English speakers finally adopted both the word and the second meaning from the French.

从有法庭审判的历史中，我们发现法庭和教堂一样神圣，法庭上法官的言行举止慢慢演化成社会礼仪的典范。

因此，善良法治社会，得有善良之公序良俗的礼貌准则，人们因为相互礼让而更加尊重规则。

在东京大街上我们找不到垃圾桶，但是，大街上却干净得让我们这些来自礼仪之邦的国人赞叹。正如我们不会在干净整洁的五星级酒店和城市花园新加坡的大街上随地吐痰一样，在这样礼貌的环境下，我们自觉不自觉地遵守了法律的最高价值准则。

七、法律之内，应有天理人情在

善良公民眼里，法律是冰冷无情的，但是在法学家安提戈捏眼里，"法律之内，应有天理人情在"。法律只有是活的法律，才有生命力。这种活的法律，即所谓天理人情。

法官在裁判程序中，不应当僵化地适用法律，而应基于经验，基于天理人情灵活适用法律。例如，面对暴力侵害时正当防卫的判定、现代社会中高空抛物的责任认定，都应充分体现法律的天理人情。很多时候法律不应当只是露出父亲般的严厉模样，还应当于细微之处适时流露母亲般的温情。

一份非常有人情味的关于婚姻的判决书这样写道："本院认为，婚姻关系的存续是以夫妻感情为基础的。原、被告从同学至夫妻，是一段美的历程：众里寻他千百度，蓦然回首，那人却在灯火阑珊处。令人欣赏和感动。若没有各自性格的差异，怎能擦出如此美妙的火花？然而生活平淡，相辅相成，享受婚姻的快乐与承受生活的苦痛是人人必修的功课。人生如梦！当婚姻出现裂痕，陷于危机的时刻，男女双方均应该努力挽救，而不是轻言放弃，本院极不情愿目睹劳燕分飞之哀景，遂给出一段时间，以冀望恶化的夫妻关系随时间流逝得以缓和，双方静下心来，考虑对方的付出与艰辛，互相理解与支持，用积极的态度交流和沟通，用智慧和真爱去化解矛盾，用理智和情感去解决问题，不能以自我为中心，更不能轻言放弃婚姻和家庭，珍惜身边人，彼此尊重与信任，重归于好。综上所述，依照《中华人民共和国婚姻法》第三十二条之规定，判决如下：不准予原告黄某甲与被告王某离婚。"[江苏省泰兴市人民法院民事判决书（2016）苏1283民初3912号]

美国最高法院大法官安东尼·肯尼迪裁定同性婚姻合法的判词中同样折射出法律的天理人情之美，其引用了孔子《礼记·昏义》："昏礼者，将合二姓之好，上以事宗庙，而下以继后世也。"这份判决词最精彩的在于结论部分："世上没有一个结盟比婚姻来得更深刻，因为当中体现了最理想的爱、忠诚、投入、牺牲和家庭。在缔结婚姻盟誓之后，两个人将要成就比他们原来更大的事。正如在本案部分诉求者指出，在有些情况下，婚姻的爱不断延续，甚至跨越了生死。说他/她们不尊重婚姻是一个误解，他们苦苦争取恰恰说明了他们尊重，而且必须实行。他们希望不要在孤单中度日、被文明社会最古老的制度拒之门外。他们要求在法律中获得同等尊严。因此，宪法赋予他们这项权利。"[Obergefell v. Hodges, 135 S.Ct. 2584 (2015)]

八、良法得到普遍遵从乃法治

法谚曰："良法得到普遍遵从乃法治。"哈特认为，法律是由掌握国家意志的立法机关制定的一系列规则。在现实世界中，并不是法律越健全，法治程度就越高。看过《我不是药神》这部电影的人们可能会更加深刻地体会到恶法对社会的危害有多大。

在无数白血病人和媒体人的积极反抗和呼吁中，《中华人民共和国药品管理法》最终将未经批准进口仿制药从假药中删除。这看似简单的一个条款，却影响深远，直接决定了未经批准进口仿制药是否构成生产、销售假药罪。在具体法律实施时，商业社会中的非法经营罪和社会治安中的寻衅滋事罪被法律界称为"口袋罪"，顾名思义，就是对《中华人民共和国刑法》中没有明文规定可以定罪的情形进行定罪处罚。口袋罪平衡了刑法"罪名法定"原则与社会良知之间的冲突，为公众普遍接受的正义和道德提供了保障。

古罗马法学家查士丁尼（Justinian）认为良法得以施行的基本原则是："为人诚实，不损害他人，给予每个人他应得的部分。"（查士丁尼，《法学总论》）

法国政治家罗伯斯庇尔（Robespierre）在《革命法制和审判》中精辟地阐述良法之要义："法律的制定是为了保证每一个人自由发挥自己的才能，而不是为了束缚他的才能。"意大利著名的刑法学家贝卡里亚在《论犯罪和刑罚》亦有精辟的阐述良法之要义："法律的力量应当跟随着公民，就像影子跟随着身体一样。"

良法与恶法的区别体现在"法律"与"法治"这两个词的区分中。法学家斯蒂芬·汉弗雷认为："法治（Rule of Law）这个词表面上看是同义反复：如果不能'治'，它还是法吗？或者说，难道事实上不是其'治'使得'法律'区别于'规则'？简言之，'法治'这一短语比起仅仅作为实证法的'法'，捕捉住了或者增加了哪些缺项？……在一个给定的语境下，法律可能容忍或者支持贫穷、暴力或者无知。然而，当提到法'治'的时候，显然被认定提供了额外的因素，在法律中注入了质量因素，或者意味着法律的具体配置，从而避免出现前述后果。"

九、善良公民的座右铭：严格地服从，自由地批判

1765年，英国法学家威廉·布莱克斯通（William Blackstone）在其撰写的《英国法释义》中，阐述了法治的精神和公民精神的要义，认为"法治的精神在于善良公民按照规制政府立法机构建立的秩序行为处事，以此形成契约下的公民精神"。英国政治家边沁批判威廉·布莱克斯通反对改革。因此，为了真正的科学和开明的改良的利益，必须对此书发动论战。边沁认为："在一个法治的政府之下，善良公民的座右铭是什么？那就是'严格地服从，自由地批判'。"

作为法律得以实施的根基，法律的权威性要求国家公民严守与作为"守夜人"的政府之社会契约并服从经过正当程序制定的法律。但是，如果法律有错误或者有漏洞，善良公民有自由批判的权利。从边沁的功利主义角度出发，当守约和服从不能带来利益和最终的幸福时，统治者不能在依法而治的名义下维持的法律便不必然是最高的、不可违抗的、绝对的和不受限制的。在民主政体的指引下，国家的立法权不再如威廉·布莱克斯通书中所述完全由贵族掌握，而是在更广泛的公民手中，因为下议院往往比上议院更有智慧、更有经验。

站在公民的角度而言，盲目服从法律的规定而不加以批判性的

思考会导致权力的滥用。法国思想家孟德斯鸠认为："一切有权力的人都容易滥用权力，这是万古不易的一条经验……有权力的人使用权力直到遇有界限的地方才休止。"英国思想史学家阿克顿认为："权力导致腐败，绝对的权力绝对地导致腐败。"

美国宪法第一修正案亦明确：禁止美国国会制定任何法律以确立国教；妨碍宗教信仰自由；剥夺言论自由；侵犯新闻自由与集会自由；干扰或禁止向政府请愿的权利。

因此，规制政府，在于给善良公民自由批判的权利，这种批判是建议性的，或是鞭笞性的，其正义性在于让权力在遇到有界限的地方休止。

十、程序是法治和恣意而治的分水岭

1994年美国人辛普森杀妻案引发了程序正义和实体正义法律思想的激烈碰撞。连普通民众都认为是辛普森杀了自己的前妻，但证据却说没有。法治的精神在于，未经正当法律程序，不得剥夺任何人的生命、自由和财产。辛普森杀妻案的审判正是基于对法律程序的尊重——在对案件事实部分存在无法排除的合理疑问时，应当作出有利于被告人的裁决，即所谓"存疑时应有利于被告"。

"无罪推定原则"和"排除合理怀疑原则"是法治国家保护公民生存权利的底线正义要求。辛普森案件审理中，警察在取证过程中存在的程序瑕疵，直接导致警察所获取的证据不被采信。这就是美国最高法院大法官霍姆斯在判决中所阐述的："禁止以不当方式取证的实质并非仅仅意味着非法而获的证据不应当被法院采用，而是完全不得被使用。"

美国司法制度对程序公正和确凿证据的重视程度，远远超出了寻求案件真相和把罪犯绳之以法。也许有人会说，注重程序公正并不必然导致实体上的公正。但是，对程序正义的忽视却可能导致实体正义的缺失。倘若司法制度的目的只是寻求案情真相，那么犯罪嫌疑人根本就不应该拥有沉默权。实际上，整个美国宪法和司法制度的核心是防止"警察权力"，是注重保障公民权利和遵循正当程序。美国最高法院大法官道格拉斯精辟地指出："权利法案的绝大部分条款都与程序有关，这绝非毫无意义。正是程序决定了法治与随心所欲或反复无常的人治之间的大部分差异。坚定地遵守严格的法律程序，是我们赖以实现法律面前人人平等的主要保证。"正是由于这种程序的公正避免了国家公权力的滥用，才真正给民众一种安全感。

在刑事案件中，刑讯逼供被称为"毒树之果"。一棵树上如果有一颗果子是有毒的，一般认为，整棵树的果子都是有毒的。与英美刑法重视程序相反，中国传统的法律理念和制度都是重实体而轻程序的。佘祥林、聂树斌、张振风、李久明、杜培武等案件折射出落实程序正义仍然是我国亟待提高的法治问题和社会问题。虽然"迟来的正义不等于不正义"，但是受冤屈者的牢狱之灾很难让他回归正常的生活。在现实生活中，为了得到犯罪嫌疑人的口供，违反法定程序，甚至刑讯逼供，使得公民的人身权利和自由被随意践踏的现象仍偶有存在。这一切的症结所在就是中国以往注重实体公正、轻视程序公正的司法观念，有些法官把程序作为实现实体正义的手段，而忽视了正当程序本身的独立价值和重大意义。

侦查人员、公诉人和法官都必须越过一个又一个的程序监督墙，满足一系列的诉讼条件，才能将罪犯绳之以法，完成正义的使命。

十一、法无授权即禁止，法无禁止即自由

一般地，基于权力法定，我们认为"法无授权即禁止"是指国家公权力的行使必须经过法律授权；"法无禁止即自由"是指公民的行为只要无法律禁止皆不违法。这两句法律谚语是 17 世纪和 18 世纪法国大思想家卢梭和孟德斯鸠在各自的鸿篇巨制《社会契约论》与《论法的精神》中提出的。

这两句看似矛盾的法律谚语却为我们厘清了公权力和私权利的界限。在法治社会，善良公民基于可以预见的规则程序行为处事。在法律未触及的地方，即便是因为社会的发展或者立法者未能预测到未来存在的不确定性，基于善良公民的合理信赖，法无禁止即自由。在商业领域，我们遵循法无禁止即可为，这是促进社会发展，尤其是鼓励创新的重要保障。法治社会中，人们需要预测到自己的行为后果，除了法律明文禁止的行为，他们的行为应当是受到法律保护和承认的。亚当·斯密说："每一个人，在他不违反正义的法律时，都应听其完全自由，让他采用自己的方法，追求自己的利益。"

而与之相反的是，公权力不受制约，就容易被滥用。法国著名思想家孟德斯鸠认为："一切有权力的人都容易滥用权力，这是万古不易的一条经验……有权力的人使用权力直到遇有界限的地方才休止。"英国思想史学家阿克顿认为："权力导致腐败，绝对的权力绝对地导致腐败。"因此，在法律未授权的领域，是绝对禁止公权力染指的。

因此，市场经济、数字经济时代，法治的根本要义必须遵循"法无禁止即自由""法无授权即禁止"的基本法治价值准则。

十二、言论自由是一切权利之母

"言论自由是一切权利之母"源自美国著名大法官本杰明·卡多佐（Benjamin Cardozo）1983年写的一句话："它是母体，是几乎一切其他形式的自由所不可缺少的条件。"

"若批评不自由，则赞美无意义。"这一法律格言出自法国著名剧作家、启蒙思想家博马舍（Beaumarchais）名剧《费加罗的婚礼》。《费加罗报》将这句话印在报头，警示舆论批评自由的重要性。

美国总统罗斯福有一句著名的法律格言："造物主赐予人类四大自由：言论自由，信仰自由，免于匮乏的自由和免于恐惧的自由。"

人类社会通过语言得以建立命运共同体，得以建立和谐秩序。言论的力量是无穷的，内含着一种无形的杀伤力；也可以是微不足道的，两耳不闻窗外事，一心只读圣贤书。

托马斯·霍布斯、约翰·洛克等自由主义启蒙思想家们认为，设立政府的目标是维持人们最大限度的自由。由于政府具有渴求更多权力的"恶"的本质，其权力需要被限制，制止其疯狂地扩张吞噬掉人们原可以免于被剥夺的自由。因此，自由启蒙思想家们呼吁每个公民享有自由以言论的方式批判政府的权利。

罗马法谚曰："任何人不因思想受处罚。"启蒙思想家伏尔泰认为："自由只服从法律。"因此，言论自由的边界是法律。但是，正如美国《独立宣言》所述："我们认为下述真理不言而喻：人人生而平等；他们被造物主赋予某些不可剥夺的权利，其中包括生命、自由和追求幸福的权利。为了保障这些权利，人们建立政府，政府的正当权力经被治理者同意而产生。"

对于公权力而言，言论自由在于免受恐惧。公权力应当能够在最大范围内接受善良公民的批评，哪怕言论已经过分，只要没有伤害到公共利益和公共秩序，都表达了公民对政府改革和进步的夙愿。因为当愿意发声的人不再发声，暴力就会像洪水猛兽般扑来。

十三、一个人挥舞胳膊的自由止于别人鼻子的地方

法谚曰："一个人挥舞胳膊的自由止于别人鼻子的地方。"同样，另外一句法谚曰："自由的边界，就是他人的权利。"因此，我们所追求的自由必须到他人权利的边界止。

古希腊哲学家毕达哥拉斯（Pythagoras）认为："不能约束自己的人不能称他为自由的人"；德国古典哲学家康德进一步将自由诠释为："自由不是说我要做什么就做什么，相反，自由是我不想做什么就能够不做什么。"

所以法学家博莱索认为："我们像鹰一样，生来就是自由的，但是为了生存，我们不得不为自己编织一个笼子，然后把自己关在里面。"因此，我们要求的自由越多，我们受的约束也就越多。

正如法国著名思想家卢梭所说："人生而自由，却无往不在枷锁中。"英国著名哲学家约翰·密尔（John Stuart Mill）在《论自由》中阐述："人们若要干涉群体中任何个体的行动自由，无论干涉出自个人还是出自集体，其唯一正当的目的乃是保障自我不受伤害。反过来说，违背其意志而不失正当地施之于文明社会任何成员的权力，唯一的目的也仅仅是防止其伤害他人。"

对于私权利而言，言论自由不得伤害他人。互联网时代，允许出现不同的声音，这是良好决策的开端。但是，互联网绝非法外之

地，任何批评和建议应当建立在不损害他人权益的前提下，任何未经法律审判的恶的行为，都不应当通过网络暴力进行惩戒。

所以法谚曰："天平的一边放上自由，另一边放上守法，它才能平衡。"

十四、法无明文规定不为罪，法无明文规定不处罚

20世纪最具影响力的经济学家及社会思想家哈耶克认为："法治，意味着，政府除非实施众所周知的规则，否则不得对个人实施强制。"

刑法，一般称之为"小宪法"。通俗的理解，刑法是对人之自由、财产或者生命权利的限制或者剥夺的最严重的基本法。罪刑法定，是我们作为社会契约下生存的人类活动的最基本的权利要求及对公权力的限制。

西汉司马迁《史记·高祖本纪》记录了楚汉之争中刘邦"与父老约，法三章耳：杀人者死，伤人及盗抵罪"的历史法律事件。"杀人者死，伤人及盗抵罪"，是中国古代最早的罪刑法定的萌芽。

法律史学家认为，英格兰国王约翰一世1215年在男爵和城市市民的逼迫下签署的《自由大宪章》奠定了罪刑法定的启蒙。《自由大宪章》起因于约翰王希望通过对男爵和城市市民征重税以资助他和法国的战争。男爵和城市市民希望通过《自由大宪章》限制王权，捍卫英国教会的自由和权利，规定"凡自由民非依适法裁判或国家法律之规定，不得加以扣留、监禁、没收其财产、褫夺其法律保护权，或加以放逐、伤害、搜索或逮捕"。

英国启蒙思想家洛克认为："处在政府之下的人们的自由应有

长期有效的规则作为生活的准绳，这种规则为社会一切成员所共同遵守，并为社会所建立的立法机关所制定。制定的、固定的、大家了解的，经一般人同意和采纳的法律，才能成为是非善恶的尺度。"

意大利著名刑法学家贝卡里亚认为："只有法律才能为犯罪规定刑罚，只有代表根据社会契约而联合起来的整个社会的立法者才能拥有这一权威。任何司法官员（它是社会的一部分）都不能自命公正地对社会的另一成员科处刑罚。超越法律限度的刑罚就不再是一种正义的刑罚。因此，任何一个司法官员都不得以热忱或公共福利为借口，以增加对犯罪公民的既定刑罚。"（贝卡里亚，《论犯罪与刑罚》）

近代刑法学鼻祖费尔巴哈在《对实证主义刑法的原则和基本原理的修正》一书中阐述："每一个判刑的行为都应依据法律处刑"，"哪里没有法律，哪里就没有对公民的处罚。"

正因为刑法是对作为人之自由、财产、言论，甚至生命得以按照良法予以暴力规制的小宪法，法律对公权力的约束是基于普遍意义的社会契约下的价值判断，所以，"法无明文规定不为罪，法无明文规定不处罚"是刑法最高的精神准则和价值判断。

为了保护公民基本权利不受刑法无辜的伤害，除非在有利于被告人的情况下，刑法应当禁止溯及既往，禁止类推适用，禁止习惯法。即在新法规定较重的情况下允许刑法具有溯及力（从旧兼从轻原则）；在有利于被告人情形下允许类推适用；在有利于被告人情形下采用相对确定的法定刑；在有利于被告人情形下允许习惯法成为刑法的间接渊源。

互联网和数字化的发展，推动了罪刑法定落地，判决书的公开化逐步规制了公权力的滥用，正义得以看得见的方式呈现。

十五、迟到的正义非正义

法谚曰:"迟到的正义非正义。"(Justice delayed is justice denied.)一个案件,即使司法裁判结果是公正的,如果法院作出裁决的时间超过了法院正常的审判期限,或者当事人追求司法裁判结果的时间超过了正常人所期望的合理等待期,这样的裁决对当事人而言都不是真正的正义。

法律应当追求公正,追求公正需要一定的法律程序保障。因此,当一个案件按照程序正义进行审判以达到公正正义时,存在牺牲效率的可能。而司法如果不能在可预期的时间内实现正义,必然会牺牲公正正义,这样的结果必然会导致法律的不正义。

虽然迟到的正义最终让冤案得以昭雪,但对于那些和案件密切相关的人来说,迟到的正义显然超出了他们合理期待的时间,也超出了他们合理付出的代价。因此,正义必然是实体正义与程序正义的孪生体,必然追求合理期待时间和合理期待代价。当追求正义的时间超过公民正常期待的等待时间,时间越长,所享受的正义感就会递减,所付出的代价就会递增,最终他所获得的实体正义的价值也就会越来越不那么重要了。

(一)毛纺厂女厕奸杀案[1]——被污染的不仅是一个刚刚进入社会的青年呼格吉勒图,而是法之源流

【案件审判概述】 1996年4月9日晚19时45分左右,被害人杨

---

[1] 呼格吉勒图故意杀人罪再审案,内蒙古自治区高级人民法院(2014)内刑再终字第00005号。

某某称要去厕所,从呼和浩特市锡林南路千里香饭店离开,当晚21时15分被发现因被扼颈窒息死于内蒙古某厂宿舍57栋平房西侧的公共女厕所内。原审被告人呼格吉勒图于当晚与其同事闫某吃完晚饭分开后,经过该女厕所听到有人呼救,此后返回工作单位叫上闫某到案发女厕所内,看到杨某某担在隔墙上的状态后,呼格吉勒图与闫某跑到附近治安岗亭报案。

上述事实,有证人闫某、申某某等人关于呼格吉勒图当天晚上活动及报案情况的证言,案发现场情况的现场勘查笔录,杨某某系被扼颈致窒息死亡的尸体检验报告,原审被告人呼格吉勒图对当天晚上活动情况的供述和辩解等证据证实。

2014年,内蒙古自治区高级人民法院通过再审认定,原判认定原审被告人呼格吉勒图采用捂嘴、扼颈等暴力手段对被害人杨某某进行流氓猥亵,致杨某某窒息死亡的事实,没有确实、充分的证据予以证实。

1. 原审被告人呼格吉勒图供述的犯罪手段与尸体检验报告不符

呼格吉勒图供称从杨某某身后用右手捂杨某某的嘴,左手卡其脖子同时向后拖动杨某某两三分钟到隔墙,与"死者后纵隔大面积出血"的尸体检验报告所述伤情不符;呼格吉勒图供称在杨某某担在隔墙上、头部悬空的情况下,用左手卡住杨某某脖子十几秒钟,与"杨某某系被扼颈致窒息死亡"的尸体检验报告结论不符;呼格吉勒图供称杨某某担在隔墙上,对杨某某捂嘴时杨某某还有呼吸,也与"杨某某系被扼颈致窒息死亡"的尸体检验报告结论不符。

2. 血型鉴定结论不具有排他性

刑事科学技术鉴定证实从呼格吉勒图左手拇指指甲缝内附着物检出O型人血,与杨某某的血型相同;物证检验报告证实呼格吉图本人血型为 A 型。但血型鉴定为种类物鉴定，不具有排他性、唯一性，不能证实呼格吉勒图实施了犯罪行为。

3. 呼格吉勒图的有罪供述不稳定，且与其他证据存在诸多不吻合之处

呼格吉勒图在公安机关侦查阶段、检察机关审查起诉阶段、法院审理阶段均供认采取了卡脖子、捂嘴等暴力方式强行猥亵杨某某，但又有翻供的情形，其有罪供述并不稳定。呼格吉勒图关于杨某某身高、发型、衣着、口音等内容的供述与其他证据不符，其供称杨某某身高 1.60 米、1.65 米，尸体检验报告证实杨某某身高 1.55 米；其供称杨某某发型是长发、直发，尸体检验报告证实杨某某系短发、烫发；其供称杨某某未穿外套，尸体检验报告证实杨某某穿着外套；其供称杨某某讲普通话，与杨某某讲方言的证人证言不吻合。原判认定的呼格吉勒图犯流氓罪除其供述外，没有其他证据予以证明。

（二）玉米地奸杀案[1]——疑罪从无待何时

【案件审判概述】1994 年 8 月 5 日 17 时许，河北省石家庄市液压件厂女工康某下班骑车离厂。8 月 10 日上午，康某父亲向公安机关报案称其女儿失踪。同日下午，康父和康某的同事余某某等人在石家庄市郊区孔寨村西玉米地边发现了被杂草掩埋的康某连衣裙和内裤。8 月 11 日上午，康某尸体在孔寨村西玉米地里被发现。同日下午，侦查机关对康某尸体进行了检验。

上述事实，有现场提取的自行车、凉鞋、连衣裙、内裤和钥匙等物证，证人康父和余某某等人关于康某失踪和发现康某衣物

---

[1] 聂树斌故意杀人、强奸妇女再审案，最高人民法院（2016）最高法刑再 3 号。

情况、证人侯某某关于上述现场提取物品系康某生前所用之物的证言,以及尸体检验报告、现场勘查笔录和照片等证据证实。

原审认定被告人聂树斌于 1994 年 8 月 5 日 17 时许,骑自行车尾随下班的康某,将其绊倒拖至玉米地内打昏后强奸,而后用随身携带的花上衣猛勒其颈部,致其窒息死亡。

2016 年,最高人民法院再审认定,原审认定事实不清、证据不足,不予确认。具体评判如下:原审判决采信的证据中,直接证据只有原审被告人聂树斌的有罪供述,现场勘查笔录、尸体检验报告、物证及证人证言等证据均为间接证据,仅能证实被害人康某死亡的事实,单纯依靠间接证据不能证实被害人康某死亡与聂树斌有关,而原审被告人聂树斌有罪供述的真实性、合法性存疑,不能排除他人作案可能,原审判决认定事实不清,证据不足,依据现有证据不能认定聂树斌实施了故意杀人、强奸妇女的行为。主要理由如下:

1. 被害人死亡原因不具有确定性,原审判决所采信的尸体检验报告证明力不足

尸体检验仅是对头皮剥离,而没有对尸体全面进行解剖,就认定"全身未发现明显创口及骨折"缺乏依据。山东省高级人民法院复查时组织法医专家对被害人死因进行论证,认为根据现有资料分析,被害人死因无法明确,死亡原因判断确有困难。尸体检验报告仅凭尸体颈部缠绕衬衣,即作出被害人系窒息死亡的结论,依据不充分,结论不具有唯一性,原审判决认定聂树斌用随身携带的花衬衣猛勒被害人康某的颈部,致康某窒息死亡的依据不足。

2. 作案工具来源不清,原审判决认定花衬衣系作案工具存在重大疑问

(1) 花衬衣来源不清。虽然聂树斌供述偷拿了一件衬衣,并对

该衬衣进行了辨认,但失主梁某并不能证实确实丢失过衬衣;而让聂树斌辨认的花衬衣曾被清洗,且未对现场提取的花衬衣进行清洗的过程作出记载和说明。现场提取的花衬衣与让聂树斌辨认、随案移送的花衬衣是否同一,存在重大疑问。

(2)聂树斌供述偷拿花衬衣动机不合常理。聂树斌多次供述偷拿衬衣是准备自己穿,但根据物证照片及现场勘查笔录记载,该衬衣仅是衣长 61.5 厘米的女士上衣,且多处破损,聂树斌供述偷拿花衬衣的动机不符合常理。

3. 聂树斌始终未能供述出被害人携带钥匙的情节

被害人丈夫侯某某、同事余某某均证实被害人康某携带一串钥匙,现场勘查笔录和现场照片亦证实被害人"左脚西侧偏南 30 公分处有一串钥匙",而根据聂树斌在案所有供述,当被问及被害人随身携带何物时,其均未提及被害人随身携带钥匙这一情节,即使在侦查人员提示下,仍然未能供出上述情节。根据聂树斌多次供述,其与被害人有过较长时间的近距离接触,在被害人未带其他物品、只穿一件连衣裙的情形下,却无法供述出该情节,以此认定聂树斌为作案人存在重大疑问。

4. 原审判决所采信的指认笔录和辨认笔录存在重大瑕疵,不具有证明力

按照辨认笔录记载,聂树斌对被害人及花衬衣的辨认,是采取将被害人生前照片及其他两张女性照片和现场提取衬衣及其他 3 件衬衣(2 件长袖、1 件短袖),按照顺序排列进行辨认,但对此卷内均无相应的照片附卷;对被害人自行车的辨认,是采取将现场提取的自行车与其他 3 辆二六型黑色自行车进行辨认,由于聂树斌供述的被害人自行车是一辆比二六型小的高翘把自行车,故辨认对象与

被害人自行车之间存在明显差异,违反了混同辨认的原则,丧失了对被告人口供的印证作用;对强奸杀人现场及藏匿被害人衣物现场指认的过程,均无现场照片附卷,亦无见证人在场,指认的真实性存疑。

5. 证实聂树斌实施强奸的证据严重不足

案发后没有提取被害人阴道拭子及送检,仅是对被害人所穿连衣裙及短裤送检鉴定,均未检测出精斑。原审判决认定聂树斌实施强奸行为的证据只有被告人的有罪供述,而无其他任何证据予以证实,依据法律规定,不应认定其犯强奸妇女罪。

6. 聂树斌供述的真实性、合法性存在疑问

(1) 聂树斌到案经过与原案缺乏直接关联,确定其为犯罪嫌疑人缺乏充足依据。根据抓获经过和刑事案件破案报告记载,侦查机关是依据群众反映,有一男青年经常在附近闲转的线索,将聂树斌抓获。但群众提供的线索内容与原案缺乏关联性,将案发近50天后出现在案发地附近的聂树斌确定为犯罪嫌疑人的依据不足。

(2) 聂树斌的有罪供述前后矛盾,说法不一。关于作案时间,聂树斌并没有供述出作案的具体日期,而其对作案时间的供述在车间主任葛某某对其进行批评后第二天和受到批评的当天之间不断变化,前后存在多次反复;关于取得花衬衣的具体位置,聂树斌供述曾有"三轮车把上""从破烂堆上拿的""褂子在道边放着"等多种说法,前后存在较大出入;关于脱被害人内裤,是在实施强奸被害人之前,还是强奸之后,聂树斌的供述前后不一。

(3) 聂树斌供述偷拿花衬衣的情节因证人证言而变化。因证人梁某不能证实丢失过花衬衣,且证实的外出时间与聂树斌供述偷拿衬衣的时间、地点存在明显矛盾,即聂树斌偷拿三轮车把上的衬衣

时，三轮车应正被梁某骑出拾垃圾，故侦查机关再次讯问聂树斌时，先是问其是否看到电化厂东墙外有破烂堆，在得到肯定答复后，再讯问其"到底是从哪儿拿的花衬衣"，聂树斌随即改称不是从三轮车把上拿的，而是"从破烂堆上拿的"。聂树斌供述存在"随证而供"情形，侦查机关讯问过程明显具有指供倾向。

（4）聂树斌到案后供述缺失。1994年9月23日，聂树斌被抓获归案，9月24日，侦查机关决定对聂树斌监视居住，直至10月9日，聂树斌一直被押于留营派出所。在案证据显示，聂树斌第一份讯问笔录时间为9月28日。从聂树斌到案至作出第一次有罪供述间隔5天时间，而卷内没有一份此期间的讯问笔录，侦查机关没有作出合理解释。

综上，聂树斌有罪供述的证明力较弱，可信度不高，且与物证、鉴定意见和辨认笔录之间不能形成相互印证关系，原案的定罪证据之间没有形成完整封闭的证据锁链，不能排除他人作案的可能性，原审判决认定聂树斌犯故意杀人罪、强奸妇女罪的证据不确实、不充分，应当依法宣告原审被告人聂树斌无罪。

（三）王松林等6名被告人刑讯逼供赵作海案[1]——死而复生，冤案是如何产生的

【案件审判概述】 1999年5月8日，河南省柘城县老王集乡赵楼村村民在淘井时打捞出一具无头、无四肢的男尸，因怀疑死者是该村失踪一年多的村民赵振裳，故当天下午将涉嫌故意杀害赵振裳的该村村民赵作海控制在柘城县公安局老王集派出所。1999年5月

---

[1] 王松林等6名被告人刑讯逼供赵作海案，河南省开封市龙亭区人民法院（2011）龙刑初字第72号。

9日，经被告人丁中秋签字同意，对赵作海采取刑事拘留。1999年5月9日上午，被告人丁中秋在老王集派出所召开会议，要求办案民警坚定信心，加大审讯力度，争取早日突破赵作海。时任柘城县公安局刑警大队队长的被告人罗明珠根据丁中秋的要求，将审讯组分成三个组，分别由时任柘城县公安局刑警大队副队长的王松林、司崇兴、李德领（另案处理）担任审讯组组长，组员为被告人周明晗、郭守海等人，并安排每组几个小时不间断讯问。三组审讯人员采取不让赵作海休息、饿饭，个别人员还采取木棍敲头、手枪砸头等刑讯逼供手段对赵作海进行轮流审讯。1999年5月10日上午，赵作海在王松林、郭守海、周明晗审讯时第一次作了杀害赵振裳并碎尸的有罪供述。赵作海从1999年5月8日至1999年6月10日，先后被控制在柘城县老王集乡派出所和柘城县公安局刑警队，被铐在连椅上、床腿上、桌子腿上或摩托车后轮上，办案人员分班轮流审讯和看守，持续长达33天。2002年12月5日，商丘市中级人民法院以故意杀人罪判处赵作海死刑，缓期两年执行，剥夺政治权利终身。2010年4月30日，赵振裳从外地返乡，2010年5月8日赵作海被河南省高级人民法院宣告无罪释放。2010年5月21日，经商丘市人民检察院法医学鉴定，赵作海的头部瘢痕损伤程度构成轻伤。

上述事实，有下列证据证实：

1.6名被告人的供述证明了对赵作海的审讯情况

（1）被告人王松林的供述：1999年5月8日，案件发生后我被抽调到专案组。当天晚上就把赵作海控制到了派出所。晚上在老王集派出所开会，丁局长和罗队长安排工作，当时分了三个审讯组，分组之后我们三组轮流对赵作海进行突审，在突审期间，我们三组连续讯问。在10号上午，我讯问赵作海时，赵作海给我说："是赵振裳先劈我的,这个情况能从轻吗?"我就给赵作海找了一本法律书,给他读了读有关正当防卫的法律知识,他听过之后就同意向我交代杀害赵振裳的经过,我就形成了材料。造成冤案的原因首先是先入为主错误地把尸体认为是赵振裳,其次是对赵作海的审讯时间过长,长时间突审,还有就是我听说有人对赵作海刑讯逼供。根据安排,我们三组是连续讯问,不间断,赵作海是没有办法睡觉的。我听郭守海说过"拾到"赵作海了。我推测应该是李德领那一班拾到赵作海了。"拾到"是土话,包含着打和体罚的意思。赵作海在老王集派出所关押四五天之后就被转移到了公安局刑警队关押。

(2)被告人郭守海的供述:我们讯问组分成三班对他进行讯问,全天不间断讯问,中间不让赵作海休息。我和李德领审讯赵作海时,赵作海讲不清,不承认杀人的事,李德领用小木棍敲赵作海的头,这个情形我在场。另外据我回忆,李德领还用手枪敲过赵作海的头,在赵作海的正头顶稍偏一点的地方,具体偏哪一点记不得了,还敲出了伤,流血了,也包扎了,至于谁领着包扎的,我记不清了,只记得李德领用枪敲赵作海的头是在老王集派出所。我虽没有见过其他两个审讯组打过赵作海,但我可以断定那两个审讯组也有打赵作海和刑讯逼供情况,只是我没有证据,不过我们接班时,赵作海精神状态都非常不好,都显露出被打或者其他非正常审讯迹象。丁中秋和罗明珠应该知道审讯人员对赵作海违法审讯的情况,在老王集派出所审讯时,丁中秋和罗明珠也住在那里,即使他们不住也天天去,所以应该知道。

(3)被告人丁中秋的供述:在我印象里,罗明珠问过赵作海,我只有印象,有三四次审讯,具体时间、地点和详细情况,我都忘了。

（4）被告人罗明珠的供述：当时是由丁中秋局长坐镇指挥的，由于案情重大和办案需要，我们就把赵作海先审讯、看管到老王集乡派出所和刑警队了，时间大约1个多月。赵作海被刑拘后没有把他及时羁押到看守所是丁中秋局长安排的，主要是为了赵作海交代后方便核实证据。

（5）被告人周明晗的供述：我5月8日下午傍晚到的现场，到了9号傍晚给赵作海宣布拘留，然后就开始分组突审。大约晚上8点多丁局长开始亲自讯问，大队长罗明珠、副大队长李德领、王松林、司崇兴等人都在场，我当时在门口站着看，在场的还有其他人，我记不清了，我在门口站着看了1个小时左右，罗队长就让我找地方休息去了。我在看的过程中看见赵作海面朝丁局长跪在地上，李德领还踢了赵作海几脚让他跪好，其他的情节我记不清了。突审前开会时，丁中秋局长讲到，要树立信心，案件不会错，嫌疑人就是赵作海；并安排两个人一班，每班8小时轮流讯问，不得休息。上一班的问话情况，要向下一班交接清楚。关于赵作海长时间被铐着得不到正常休息等情况，丁中秋局长、罗明珠大队长是安排好的，他们是知道的。当时包括看管赵作海的地点、方式，都是丁中秋局长安排的，看管人员要打起精神，不能停顿，什么时间都要处在审讯当中。罗明珠按照丁中秋局长的安排分的审讯组的三班，有时到审讯地点看看，有时也具体参加审讯。

（6）被告人司崇兴的供述：大概是9号那天我们组在接班时，发现赵作海头上有伤，用白纱布包着，我问怎么回事，有人给我说是被李德领用枪在头上敲的，具体谁给我讲的，我记不清了。按照罗明珠的排班安排，没有让赵作海休息，我们三个组是轮流审讯的，中间没有间断。没有让他吃饭，因为我们组没有让赵作海吃饭，我没有看见其他组让赵作海吃饭。我印象中可能是10号那天上午，我走到审讯室门外时，听到王松林那组审讯赵作海时说"你再不说就还让那组收拾你！"之类的话。我还听说李德领那一组打赵作海了，把赵作海头上打伤了。"收拾"就是"打"的意思。在公安局刑警队关押期间，有时铐在摩托车轮子上，有时铐在床腿上，让他坐在地上，24小时都是这样铐的，只有上厕所才给他打开。

2. 被害人赵作海的陈述证明了其被刑讯逼供的情况

赵作海陈述称：1997年农历九月三十晚上，我去俺村杜金慧家和她发生关系后，睡在她家了。到半夜，有人划火柴，我看到是赵振裳，他就用刀砍我，砍伤我的头部还有右胳膊。将我砍伤后赵振裳就跑了，我也起来回家了。从那以后我就没见过赵振裳。具体日期我记不清了，在俺村西地机井内捞出来一个尸体后，第二天晚上柘城县公安局的人员就把我传到老王集派出所，公安人员问我，是不是你把赵振裳杀了，我不承认，他们就用棍打我的头，打我的人我也不知道叫啥，我记得有3个人，当时让我喝水，我喝了以后，就什么也不知道了。在派出所折腾了两天，就把我拉公安局了。到公安局以后，天天都问我赵振裳是不是我杀的，不承认就打我，天天问我，天天打我。还对我说："承认了就不打你了。"有四五个人打我，在打我时，有人喊一个叫李德领的，我只记得他的名字，其他就不知道了，就这样我就承认杀了赵振裳，后来就被判了死缓，送到了河南省第一监狱服刑。不让我睡觉，前几天没有吃过饭，所以，基本上不解手。需要解手时，把手铐打开，有人看着我解手，之后继续铐起来。也不知道在派出所，还是在刑警队，审讯时，把我铐起来，不承认就拳打脚踢，我害怕得很，根本也不敢看。也不知道是谁在审讯我时用枪点我的头，点着还说："打你个不承认的！"还有人说:"再不承认,我落黑用车拉你出去,一脚把你踩下去,就说你逃跑了,一枪打死你!"就这样,我实在受不了了,生不如死,就承认杀赵振裳了。有一个20多岁的年轻男孩,他记录得多,基本上都在场,打我时他也在场。他们写好后念给我听,问我是不是这样,我要说不是就又开始打我。我受不了了,就给他们说,您只要不打我,愿意写啥写啥,我都按手印。这样承认以后,就不怎么打我了。后来因为头和胳膊找不着,又开始打我了,因为我没有杀赵振裳,实在不知道头和胳膊在什么地方,就开始编。找不着,回来还打,实在没有办法了,我就说烧了。我说烧了以后,基本上就不打我了。在刑警大队几天,还是把我铐起来,不让睡觉,他们吃过以后,剩下的叫我吃一点,一天两顿,每顿就让我吃一小块馍,有时在馍里夹点菜。他们把我打孬了,也饿孬了,也瞌睡得很,正好那天摸着了手铐钥匙,我跑了。不过,也太困了,饿得走不动,实在走不动了,就躺在路上睡着了,结果又被抓住了。

3. 证人证言

证人赵晓起、杜金慧的证言证明了因赵作海被怀疑故意杀人也被关押进行审讯的情况;证人刘怀讲的证言证明了在监狱内看到赵作海头部有伤的情况;证人郑磊、张运随、胡选民等人的证言证明了赵作海称其被公安干警刑讯逼供的情况;证人朱培军、宋清平、郭蕾等人的证言证明了当时侦破赵作海涉嫌故意杀人案件时的侦破情况。具体证言内容如下:

(1)证人赵晓起的证言:公安局的拿个单子让我认,我说不是俺家的,他们就打我,轮班打我,打得我受不了了,他们让我说啥我就说啥了,不按照他们教的说就挨打。但让我辨认的那个单子绝对不是俺家的。补丁、咋缝的这些情况都是公安局打着我让我这么说的,我在上面给你们讲的就是这个情况。都是公安局让我这么说的,不说就打我,根本就不是这个情况。

(2)证人杜金慧的证言:公安局刑警队干警把我叫到老王集办案点,赵作海关西头,我关东头,公安干警一遍一遍地问我,我说就知道这么多,他们说人不老实,就开始打我,其间让我跪劈柴棒子,熬了3天3夜,让我承认杀人的事,我被控制了29天,我一直没有说出杀人的事,他们没有办法就让我回来了。在老王集办案点,我听到一次赵作海嗷嗷直叫,具体怎么打的我也没有看到,估计是用棍打的。

4. 鉴定结论

鉴定结论证明了赵作海头部伤情为轻伤的情况,赵作海头部左侧瘢痕系钝器致伤;赵作海头部瘢痕损伤程度已构成轻伤。

5. 相关书证

相关文书证明了六名被告人的基本情况、赵作海被关押时间、判决情况及案件相关的其他情况。

法院认为,本案被告人在办案过程中对赵作海组织、实施了刑讯逼供,导致赵作海被错定为杀人凶犯的严重后果,其行为已构成刑讯逼供罪,公诉机关指控其犯罪的罪名成立。

十六、不知法者不利,法律为聪明人而立

意大利著名的政治思想家、历史学家马基雅维里(Machiavelli)认为:"假如不把人预设为恶人,任何人都不可能为一个共和国制定宪法或法律。"

因此,我们不得不回答一个问题:是因为人性向善,需要良法

来维持这一状态，还是人性本恶，需要法律使人向善？

法谚曰："恶俗使法律良善。"经济学解释为这是人的本性决定的，人是自私的，但人也是理性的。所以法谚曰："不知事实可以作为借口，但不知法却不能开脱。"

因此，聪明的人赚聪明的钱，聪明的人知道应该请聪明的律师趋利避害。

十七、正义不仅应当得到实现，而且应当以人们能够看得见的方式实现

正义是什么？罗尔斯认为正义即公平。罗尔斯在《正义论》中阐述："正义即公平这个概念要用纯粹程序正义这个概念来处理特殊情况中的随机事件。不管事情的结果如何，社会制度的安排都应该能使由此产生的分配是正义的。"法谚曰："正义根植于信赖"（Justice is rooted in trust.），而信赖是基于"正义不仅应当得到实现，而且应当以人们能够看得见的方式实现"（Justice must not only be done, but must be seen to be done.）。

为什么呢？一是正义是给予每个人恰如其分的回报，二是正义是强者的利益，三是正义是弱者为谋求自身利益最大化相互签订的契约。

法律是守护善良人的做事准则和规制自由人行使自由权利而不伤害他人的篱笆。其最终目的是让善良人和自由人感受到被法律所尊重。这种受尊重的感觉，我们可以称为"看得见的正义"。法庭公开审理案件，允许民众旁听案件，在于通过看得见的程序彰显正义的进程。法庭最终公开判决文书，公开审判的过程，亦是彰显正义的过

程。法庭庭审仪式，一是彰显法庭的庄严，二是彰显程序正义。

人类社会进入互联网和数字经济时代，审判的公开化和判决书的公开化让正义真正以看得见的方式呈现在普通大众的面前。

正义以看得见的方式推进，人们不仅可以进入法庭旁听，还可以隔着屏幕感受法庭的威严并观看正义的进程。

虽然公众的舆论导向并不能影响法官依据法律审判案件，但公众能够通过观看审判，以其朴素的法律知识感受法庭是否以善良法治审判案件。

审判公开又被称为"形式上的公开"，而裁判的透明性则被视为"实质上的公开"。

十八、法庭上，只有证据，没有事实

法谚曰："举证责任之所在，即败诉之所在。"善良公民对于法律事实的理解，往往形成于自己亲眼所见和认知。但是，我们亦有一个认知：眼见不一定为实。我们的眼睛有时候也会出现盲区。所以在法庭上，真相只是无限接近事实的真相，而事实的真相永远无法全部重现。而这种无限接近事实的真相只能依据法律规定的证据规则予以证明。

"谁主张，谁举证"是诉讼的基本证据规则，举证责任倒置是例外。因为举证不能而败诉，不代表正义没有得到实现。即便是因为原告自身如法律意识淡薄或者其他疏忽等无法举证而败诉，但是法律和法庭已经提供了足够的救济途径，从规则上和程序上已经保障了正义得以进行。正如"法律不保护躺在权利上睡觉的人"一样，法庭不是通过辩论取胜的地方，亦不是通过讲道理取胜的地方，法庭最终是通过举证责任的分配和证据的证明力裁判案件的。

因此，善良公民主张自己的权利，或通过诉讼主张正义，需以证据说话。

在法律之内，一般地，善良公民描述一个事实或者事件，并提出自己的诉求。律师根据善良公民的描述和诉求分析法律关系，分解或者提炼法律意义上的诉求，并以此提出当事人有哪些证据支持，或者告知当事人基于这样的诉求，需要提供哪些证据。这便是需要法治公民理解和认识"法庭上，只有证据，没有事实"的公民精神之要义。

不能证明的事实就等于是不存在的，那些没有证据证明、未经司法验证的"事实"，即使有可能是真实的事实，也不应成为裁判案件的基础。这就是"法律事实"与"客观事实"的区别。

十九、类似事项应予类似判决

"类似事项应予类似判决"，这一来自判例法国家的法谚，随着全球经济和社会公平正义价值观的融合，越来越成为判例法和成文法国家共同追求的正义准则。

"类似事项应予类似判决"所折射的是善良公民期望法律规定的确定性和法官应用证据规则裁判案件的相对确定性。因此，善良公民希望限制法官的自由裁量权，让法官的自由裁量权在"类似事项应予类似判决"的范围之内。

"类似事项应予类似判决"本质上是让善良公民能够看得见公正的裁判，即要求不同的人在相同或者相似的案件中，能够得到相同或者相似的判决。追求公正的司法裁判结果不仅是司法参与者和当事人的追求，同时也是立法者在制定法律时的目的。公平正义的实现是法律尤其是一部良法的生命。

这个原则同时也是所有人对于法律的确定性的追求。卡多佐法官说："一方面，我们尊崇法律的确定性，但必须区分合理的确定性与伪劣的确定性，区分哪些是黄金，哪些是锡箔；另一方面，即便实现了法律的确定性，我们仍需牢记：法律的确定性并非追求的唯一价值；实现它可能会付出过高的代价。"（本杰明·N.卡多佐，《法律的成长》）追求确定性是人类的本能，而法律制定的目的本身就是满足人们对于自身行为准则确定性的追求。

但是，正如"法庭上，只有证据，没有事实"所蕴含的法理一样。类似的事项不能等同于相同的事项，类似的判决也不能等同于相同的判决，正如我们认为天底下不存在相同的两片树叶一样，亦不存在相同的诉争。因此，正确地理解这句法谚在于，有类似证据证明的类似事项应予类似判决。在法治社会中，只有类似事项予以类似判决，才能让善良公民感受到司法的公正，从而愿意遵守良法。

二十、一次不公正的裁判，其恶果甚至超过十次犯罪

哲学家弗兰西斯·培根在《论司法》中阐述道："一次不公正的裁判，其恶果甚至超过十次犯罪。"（One foul sentence does more hurt than many foul examples.）"犯罪虽是无视法律，这好比污染了水流；而不公正的审判则毁坏法律，这好比污染了水源"（For these do but corrupt the stream; the other corrupt the fountain.），培根的这句法律格言与古希腊哲学家亚里士多德的一句法律格言"公正不是德性的一个部分，而是整个德性；相反，不公正也不是邪恶的一个部

分,而是整个邪恶"如出一辙。他们都强调司法公正的优先性——司法审判的公正与否是检验法治的天平,不允许有试错的机会。当赵作海案、佘祥林案、聂树斌案、念斌案和彭宇案的司法判决公之于众后,司法裁判的不公正所产生的影响远远超出了案件本身追求的正义。

社会矛盾纷繁复杂,涉及多个领域。故法官除了熟悉法律还应掌握现代科技、文化、建筑、医疗等各方面的知识,只有掌握了这些相关知识,才能在化解矛盾纠纷时找准突破点。法官的任何行为都应当谨小慎微、如履薄冰,因为他们处理的每一起案件都可能是当事人终身的利益所在,更重要的是可能因此而直接损害法律的权威与公信。培根亦认为"私迁界者必受诅咒而篡改法律的人其罪行比私迁界者更重"。

对于当事人来讲,"诉讼是一枚苦果",而拖延不决的诉讼更是给这枚苦果增添了酸败的味道。法官必须在公平公正的前提下,注重办案效率,不能给当事人的这枚苦果增添"酸败的味道"。

虽然法官在司法裁判中阅人无数,却始终要求他们"以无情的目光论事,以慈悲的目光看人。"

二十一、任何人不得从自己的错误行为中获益

我们的生活中为什么需要法律?法律的箴言告诉我们法律可以让我们"体面生活,不伤害他人,让每个人各得其所。"早在公元3世纪,罗马法学家庞波涅斯就提出了一条著名的法律格言:"损人而利己乃违反衡平。"这一格言在司法文明的推进过程中演化为"任何人都不得从自己的错误行为中获利"(No one can take advantage of his own wrong.）的法律原则，并成为民事法律行为中不当得利制度的法理基础。

罗马法司法文明过程中关于"盗窃的不当得利"、"污点行为的不当得利"和"不法原因的不当得利"等法律原则都是在这一法律格言上衍生出来的。以绑匪勒索赎金为例，受害人亲属在支付赎金之后，即便与绑匪约定的预期结果——释放被绑架者，已得到了实现，他们仍可以要求返还赎金。

"任何人都不得从自己的错误行为中获利"，这一古老的法律格言从法律原则复活并衍生出具体的法律适用规则源自1889年发生在美国纽约州著名的"里格斯诉帕尔默案"（Riggs v. Palmer，115 N. Y. 506，22 N. E. 188，1889）。

1889年，美国纽约州一个16岁的少年帕尔默毒死了自己的祖父，原因是其祖父生前所立的一份遗嘱。该遗嘱将其名下的大部分遗产留给了自己的孙子帕尔默，只给自己的两个女儿留了一小部分遗产。过了几年，帕尔默的祖父再婚后，流露出想变更遗嘱的意愿，16岁的帕尔默为了尽快获得遗产，毒死了自己的祖父。帕尔默的两个姑姑里格斯和普瑞斯顿将其告上法庭，要求法庭判决剥夺帕尔默的继承权。

在"里格斯诉帕尔默案"中，纽约州法院必须判决：祖父的遗嘱中指定的继承人，即使他为了这项继承把祖父杀了，是否还能根据该遗嘱继承。法院在推理时承认："的确，对关于规定遗嘱制作、证明和效力以及财产转移的成文法，如果拘泥于文字进行解释，并且，如果这些成文法的效力和效果在任何情况下都不能够予以控制或修改，则应该把财产给予凶手。"但是，法院继续指出："一切法律以及一切合同在执行及其效果上都可以由普通法的普遍基本原则支配。任何人都不得依靠自己的诈骗行为获利,亦不得利用他自己的错误行为,或者根据自己的不当行为主张任何权利。"(罗纳德·德沃金,《认真对待权力》)因此,该凶手不能接受遗产。

正如厄尔法官在判决书中所论述,依据文义解释,在没有外力影响和干预的情况下,如果事件按其自然规律发展,不被控制和改变,那么根据调整遗嘱订立、检验、效力以及财产转移等遗嘱法的规定,把遗产判给谋杀者,是正确的适用法律。制定遗嘱法就是为了让遗嘱人能够处置其去世时依各州规定可继承的遗产,也是为了让遗嘱人离开人世前合法表达出的意愿产生实际效果,在考虑和判定遗嘱效力时,这些立法目的必须被考量。立法者的目的就是让遗嘱受赠人获得其应该继承的遗产。但受赠人为使遗嘱生效而谋杀遗嘱人,从中获取遗嘱利益,这绝不是立法者的目的。立法者如果能想到这种情况,并认为有必要制定相应的法律规定,那么立法者会毫不犹豫地作出规定。一般说来,立法者的目的就是法律条文字面所表达出的目的,但除非把立法者的目的严格限定于法律条文之内,法律条文所能表达出的目的并不限于法律条文本身,这是人们所熟知的一个解释原则。立法者并不总能精确地表达他们的目的,有时会超出,有时又受到限制。为此,就需要法官从可能或合理的推断中修正立法者的目的,这被称为"合理性解释"。

卢瑟福在其法学著作中曾说:"当我们运用合理性解释时,我们有时会为限制作者的意义表达而对文本作限制解释,有时会为扩展或增加作者的意义表达而对文本作扩张解释。"所以,对制定法的解释应致力于有根据地探寻立法者的目的……许多这样的案例被提及,即虽然事项被包括在法律字面的通常意义之内,但由于不可能是立法者的目的,从而被衡平解释拒在制定法之外。正如培根所言:"通过衡平解释,一个不包括在制定法字面含义之内的情形有时可能被认定包括在制定法之内,比如为损害提供救济就在制定法之内。这种解释的根据在于,立法者不可能用准确的语言为每个案件立法。为了正确判定当下案件是否在制定法规定之内,你可以假定立法者在场,并向他提出如下问题:你是如何理解这一案件的?然后站在正直的、理性人的角度给出你自己的答案,这是一个好的方法。如果你感到立法者会包括在内,你就可以确信该案包括在制定法之内,因为你所作的也就是立法者所作的,你没有违反制定法,而是遵循了制定法。"根据衡平解释,制定法的字面含义在某些案件中会受到限制;在另外一些案件中可能会扩张解释,甚至作出相反的解释……就该案而言,如果咨询立法者,他们会说遗嘱人或被继承人的财产应该交给为获得遗产而杀害遗嘱人或被继承人的人手中吗?布莱克斯通在谈制定法解释时说:"如果制定法解释产生了与普通理性相悖的荒谬结论,我们必须考虑这些结论的无效性。如果有些结论溢出语言的通常意义,且是不合理的,那么,法官可以合情理地得出该结论不是议会所预见的。因此,法官享有事后衡平解释制定法的自由,甚至就此而言,法官可以无视制定法。"

立法者为和平、有序和公正地处置财产而制定的普遍法律,如果产生赞同或支持当事人为加快占有遗产而杀害被继承人的结果,并将其视为立法者目的,没有比这更为不合理的了。这样的立法目的是不可思议的。因此,我们不能被法律中的一般性语言所困扰。另外,所有法律和合同在其执行和效果上都会受普通法所确立的普遍基本原则的规制。诸如任何人都不能通过欺诈行为而获利,不得通过自己的错误行为而获利,不得依据自己的不义行为主张权利,更不得通过犯罪行为而获得财产,等等。这些原则由公共政策所支配，在所有文明国家普遍性的法律中都有其基础，即使是制定法也不能超越它们。

二十二、爱与喜欢在法律的眼里毫无价值

早在战国时代，法家韩非子就在其《备内》中阐述了这样一个人生哲理："夫妻者，非有骨肉之恩也，爱则亲，不爱则疏。"哲学家黑格尔认为："婚姻的本质是伦理关系，是具有法律意义的伦理上的爱。"（黑格尔，《法哲学原理》）

但是，法律谚语一边说"法律之内，应有天理人情在"，一边又说"爱与喜欢在法律的眼里毫无价值"（Love and affection have no value in the eyes of the law.）。

爱和喜欢只有在相对论的空间中讨论才会让我们觉得纯洁而至高无上。离开了相对论的空间进入契约社会，法律就必须要有威严，在制定法律的时候要让法律合乎人心，在适用法律的时候，就不能徇私，法律理应毫不留情。

因此，我们应以法律的价值准则看待我们的婚姻，正如法谚曰："婚姻是用爱筑就的巢，缺少了情感的维护，婚姻也会渐渐变成冰冷的枷锁；法律则是公理磨成剑，它既可以保卫你的爱巢，也可以斩断束缚你的枷锁。"

"Love and affection have no value in the eyes of the law."（爱与喜欢在法律的眼里是毫无价值的）是美国俄亥俄州最高法院审理威廉姆斯诉奥姆斯比案（Williams v. Ormsby）后作出的一个裁定原则。

奥姆斯比（男方）与威廉姆斯（女方）于2004年4月开始恋爱，第二个月就搬到一起居住。2004年12月，女方签了一份放弃

自己房屋权利的免责契据给男方。2005年3月，双方分手。2005年6月，双方复合并准备结婚。2005年3月，双方签了一份合同，约定了如果房屋出售如何进行分配。2005年6月，双方又签订了一份合同，约定双方平等分配这套房子的权益。但是在2005年6月签订的合同中，女方获得平等分配这套房屋权益付出的对价是恢复恋爱关系，并同意搬回去和男友一起居住。后来双方发生争议诉诸法院。

案件争议的焦点：搬进男方的家并与其恢复恋爱关系能否作为合同成立的合法对价？

法院确立的规则：搬进另一方的家并与其恢复恋爱关系不能作为合同成立的合法对价；爱与情感，不足以构成合同成立的对价。

法院的判决：我们不会仅因一方承诺住在一起恢复恋爱关系而认定双方合同关系成立。因此，第九地区上诉法院的判决被推翻。

审判历程：

1. 麦地那郡地方法院认为搬到一起恢复恋爱关系不能作为对价形成有效合同。女方威廉姆斯上诉至麦地那郡第九地区上诉法院。

2. 麦地那郡第九地区上诉法院推翻了一审法院的判决，认为搬到一起居住恢复恋爱关系是一种符合合同成立要件的对价。男方奥姆斯比上诉至俄亥俄州最高法院。

3. 俄亥俄州最高法院推翻了上诉法院的判决，认为仅仅是在恋爱期间搬到一起不能作为对价形成有效的合同。

二十三、法律不强人所难

"法律不强人所难"的法理基础是法律不能强求任何人做不能做的事或者法律不能强求任何人履行不可能履行的事。这一古老的法律谚语衍生出刑法中人们从事社会活动的"期待可能性"理论。

如刑法中的"紧急时无责任""正当防卫""法律为聪明人而立,不是为圣人而立"等,不能通过法律强求任何一个人像圣人一样做他做不到的事。

法律面前人人平等,诚然我们应该遵循所处生活中的道德,但道德并不等同于法律,我们可以在道德上谴责一个人,但不能用道德代替法律审判一个人。

1896年,德国著名的"癖马案"确立了"法律不强人所难"的法律原则。法院在判决中认为,本案中马车夫虽然认识到该马有以尾绕缰的癖性并可能导致伤人的后果,但当他要求更换一匹马时,雇主不但不允许,反以解雇相威胁。在这种情况下,很难期待被告人不惜失掉工作,违抗雇主的命令而拒绝驾驭该马车。最后,法院判决车夫无罪。

在著名的"卡纳安德斯之板案"和"洞穴探险者案"中,我们不难发现期待可能性法理的价值所在。

当发生希腊哲学家假想的航船沉没,一块救命的木板只能负载一人时,同时抓住木板的两个人应如何抉择?这是一个危急时刻,两个人的选择只有四种:舍己为人、舍人为己、互让同亡、互争同亡。如果我们是其中的一个,如何抉择?

对于我们大多数人来说,我们不能要求时刻都有圣人出现,法律必须作出抉择。法律不能强人所难,谁都有可能是被扔下的那个人。但是,基于法律的期待可能性,我们不能对采取紧急避险的人判刑。

"昆山反杀案"中,于海明的行为是否构成正当防卫,或者说防卫是否过当,引发了公众的关注。

2018年8月27日21时30分许,刘海龙驾驶宝马轿车沿昆山市震川路西行至顺帆路路口时，向右强行闯入非机动车道，与正常骑自行车的于海明险些碰擦，双方遂发生争执。刘海龙从车中取出一把砍刀连续击打于海明，后被于海明反抢砍刀并被捅刺、砍击数刀，刘海龙身受重伤，经抢救无效死亡。

根据侦查查明的事实，并听取检察机关意见和建议，依据《中华人民共和国刑法》第 20 条第 3 款"对正在进行行凶、杀人、抢劫、强奸、绑架以及其他严重危及人身安全的暴力犯罪，采取防卫行为，造成不法侵害人伤亡的，不属于防卫过当，不负刑事责任"之规定，于海明的行为属于正当防卫，不负刑事责任，公安机关依法撤销了于海明案件。主要理由如下：

1. 刘海龙的行为属于刑法意义上的"行凶"。根据《中华人民共和国刑法》第 20 条第 3 款规定，判断"行凶"的核心在于是否严重危及人身安全。司法实践中，考量是否属于"行凶"，不能苛求防卫人在应急反应情况下作出理性判断，更不能以防卫人遭受实际伤害为前提，而要根据现场具体情景及社会一般人的认知水平进行判断。本案中，刘海龙先是徒手攻击，继而持刀连续击打，其行为已经严重危及于海明的人身安全，其不法侵害应认定为"行凶"。

2. 刘海龙的不法侵害是一个持续的过程。纵观本案，在同车人员与于海明争执基本平息的情况下，刘海龙醉酒滋事，先是下车对于海明拳打脚踢，后又返回车内取出砍刀，对于海明连续数次击打，不法侵害不断升级。刘海龙砍刀甩落在地后，又上前抢刀。刘海龙被致伤后，仍没有放弃侵害的迹象。于海明的人身安全一直处在刘海龙的暴力威胁之中。

3. 于海明的行为出于防卫目的。本案中，于海明夺刀后，7 秒内捅刺、砍中刘海龙的 5 刀，与追赶时甩击、砍击的 2 刀（未击中），尽管时间上有间隔、空间上有距离，但这是一个连续行为。另外，于海明停止追击，返回宝马轿车搜寻刘海龙手机的目的是防止对方纠集人员报复，保护自己的人身安全，符合正当防卫的意图。

罗尔斯在《正义论》中阐述道："法治所要求和禁止的行为应该是人们合理地被期望能够去做或能够避免的行为……它不能提出一种不可能做到的义务。法制应该承认不可能执行也是一种辩护理由，至少是一种可以减轻处罚的情节。法制在实施规章时，绝不能认为无执行能力是与问题无关的。如果不是严格地按照有无能力采取行动这个标准而动辄进行处罚，那就会使自由权不堪负担。"

二十四、任何人都无须自证其罪

法律在惩罚前应予警告。刑法是善良人的大宪章，也是犯罪人的大宪章。

"任何人都无须自证其罪"源自古罗马法的两句法律格言，一句是"任何人均无义务指控自己"，另一句是"不得强迫任何人作出对其不利的证词"。

罗马法的这两句法律格言后来演变为今天大多数国家刑事诉讼中的一个基本规范，如《中华人民共和国刑事诉讼法》（2018年修正）第52条规定："……严禁刑讯逼供和以威胁、引诱、欺骗以及其他非法方法收集证据，不得强迫任何人证实自己有罪……"

以"程序优先"和"程序正当"著称的美国司法有一条著名的"米兰达警告"规则（以下简称"米兰达规则"），源于1966年的"米兰达诉亚利桑那州案"（Miranda v. Arizona, 384 U. S. 436）。米兰达规则英文条款经过美国最高法院审判实践进行了改进，现在的条文为："You have the right to remain silent. Anything you say can and will be used against you in a court of law. You have the right to an attorney. If you cannot afford an attorney, one will be provided for you. Do you understand the rights I have just read to you? With these rights in mind, do you wish to speak to me?"。

我们经常在好莱坞大片中看到的米兰达规则中文为："你有权保持沉默。你所说的一切可以在法庭上作对你不利的使用。你有权和律师谈话并且在询问过程中你有权要求你的律师到场。如果你请不起律师，我们会给你指派一名律师，只要你愿意。你是否明白刚才我向你解释过的每一项权利？现在知道这些权利后，你是否还愿意和我们谈？"

美国宪法第五修正案（Amendment V）确立了"不得在任何刑事案件中被迫自证其罪"（Nor shall be compelled in any criminal case to be a witness against himself.）的原则。

二十五、在民法慈母般的眼神中，每个人就是整个国家

在民法老师眼里，文艺复兴启蒙思想家孟德斯鸠在《论法的精神》中所阐述的"在民法慈母般的眼神中，每个人就是整个国家"是每一个学法律的人选择民法作为研究方向的精神向导。

民法是万法之母。在民法的世界，每一个人都是自己权利的国王。因此，罗马法谚曰："法典是人民自由的圣经。"而市民挂在嘴边的则是"法不禁止则自由"。

洛克在《政府论》中阐述："为什么我们要设立政府？设立政府主要的目的或者说根本目的就是让他保护我们的财产权，没有别的。"所以，美国联邦最高法院马歇尔大法官在一次判词中写道："征税

的权力包含毁灭的力量。"

相对于公权力而言，民法典是公民私权利的宪章。他写着公民作为人所拥有的一切基本权利。

人的一生几乎每天都在和民法典打交道，从我们出生那一天，我们获得民事权利能力，然后渐渐长大获得民事行为能力，我们在上学的过程中知道了父母、同学、老师应当尊重我们的人格权，我们懂得了不可以侵犯他人的隐私。大学毕业后，我们走上工作岗位，深刻理解了合同关系，知道如何处理债权债务关系。在组建家庭的过程中，我们深刻理解了冷静期；理解了夫妻之间相互的知情权；深刻理解了夫妻双方都有参加生产、工作、学习和社会活动的自由，一方不得对另一方加以限制或者干涉；理解了夫妻共同债务关系；理解了邻里关系、业主权利；理解了高空抛物、小区轿车碰撞、饲养宠物咬人的侵权赔偿关系；等等。不胜枚举。2021年1月1日起实施的《中华人民共和国民法典》是法治中国的脊梁，是公民权利的百科全书。它对我们的生活的改变将是巨大的，影响将是深远的。

二十六、住宅是个人的城堡，风能进，雨能进，国王不能进

"住宅是个人的城堡，风能进，雨能进，国王不能进"，这句古老的法律格言常常被认为是"私权利神圣不可侵犯"活着的正义。

1763年，英国首相老威廉·皮特在"论英国人个人居家安全的权利"的演讲中阐述："即使最穷的人，在他的小屋里也能够对抗国王的权威。屋子可能很破旧，屋顶可能摇摇欲坠；风可以吹进这所房子，雨可以淋进这所房子，但是国王不能踏进这所房子，他的

千军万马也不敢跨过这间破房子的门槛。"

法谚曰:"你的财产就是你的人格"(You Are What You Own.),"任何人的生命、自由或财产非经正当法律程序不得被剥夺,私有财产只有在为公共利益且经合理补偿方可征用"(No person shall be deprived of life, liberty, or property, without due process of law; nor shall private property be taken for public use, without just compensation.)。

无论是"私有财产神圣不可侵犯",还是"隐私止于屋门之前"都是人之所以作为人的基本权利。现代社会,城市更新中出现的暴力强拆案和延安黄碟案都折射出公民私权利不受侵犯的底线正义。

隐私,绝不止屋内那点事。《朗文当代英语辞典》解释"privacy"为:(1)the state of being able to be alone, and not seen or heard by other people(独处并不被他人听见或看到的状态);(2)the state of being free from public attention(免于受公众关注的状态)。

美国法学家华伦(Warren)和布郎戴斯(Brandeis)则将隐私描述为"一个人待着的权利"(the right to be let alone)。诗人奥登(Auden)认为隐私是:"距离我的鼻尖约莫三十英寸,是我的个人的疆域。这之间未被使用的空气,属于私人领地。"法学家格劳斯(Gross)则认为:"我们很容易感知隐私所面临的威胁,但却很难弄清其内涵。"因为任何时候都有一个"big brother is watching you"。美国法学家麦克鲁格(McClurg)认为隐私应当囿于"合理期待"(reasonable expectations of privacy),所谓隐私合理期待由三个要件构成:一是主观上当事人具有隐私期待;二是客观上此种期待已经表现出来,并能为外界所识别;三是按照社会一般观念。这种期待被认为是合理的。

随着人从物理空间走向网络空间,法律的内涵和外延也在不断地变化。在美国内德诉通用汽车公司案（Nader v. General Motors Corp）中，法院裁定："一个人并不因其身处公共场所就自动地将自己的一切公开化。"

二十七、从身份到契约，契约是当事人间的法律

英国著名法学家亨利·萨姆奈·梅因（Henry Summer Maine）在《古代法》中阐述了一句著名的法律格言："所有进步社会的运动，到此处为止，是一个'从身份到契约'的运动。"

当"君君臣臣，父父子子。刑不上大夫，礼不下庶人"成为过去，人类的历史确实是一个"从身份到契约"的运动。

我们所处的社会叫作契约社会。因此，我们依然能看到《十二铜表法》第六表第1条规定，经济活动中缔结契约"其所用的法定语言就是当事人之间的法律"。

《法国民法典》第1134条第1款："依法成立的契约，在缔结契约的当事人之间有相当于法律的效力。"

"契约等于法律且优于法律"的观念奠定了自由主义的近代民法的基础。整个民法体系以当事人的意思自治为核心，它使当事人有权自由创设其相互间的关系。契约自由成了契约法的灵魂，而契约法则成了19世纪私法发展的核心。

二十八、法律只保护表达方式不保护思想本身

信息时代，人类文明进步得以延续，在于知识的裂变式传播，在于思想的自由传播。我们都知道法律保护知识产权在于鼓励原创，

让知识产生创造财富的力量。但并不是所有的创造都可以得到法律的保护，在保护原创和允许知识自由传播之间需要画一条线，"法律只保护表达方式不保护思想本身"。

在讨论这个问题之前，我们有必要从专利保护谈起。美国专利商标局驻地刻着美国第十六任总统亚伯拉罕·林肯的一句名言："专利制度是给天才之火添加利益之油。"（The Patent System added the fuel of interest to the fire of genius.）专利制度在于鼓励探索和创新，是科技创新的润滑剂。但是，当利益之油燃烧得太过时，也容易形成专利壁垒或者专利篱笆，甚至演变成专利托拉斯，阻碍创新。

很多处在知识链顶端的人，往往认为创意是一项知识产权，认为法律应当保护创意，因为一个好的"Idea"的产生凝聚了自己的知识、经验或者阅历等诸多付出。

"法律只保护表达方式不保护思想本身"是《与贸易有关的知识产权协定》（Agreement on Trade-Related Aspects of Intellectual Property Rights，TRIPs）中确认的一个基本原则，即版权的保护应该延及表达方式，但不延及思想、程序、操作方法或数学概念本身（Copyright protection shall extend to expressions and not to ideas, procedures, methods of operation or mathematical concepts as such.）。

著名知识产权法学家戈德斯坦（Paul Goldstein）教授认为，思想和表达不应该严格按照字面意义来把握，而是作为一件作品中"不受保护的要素"和"受保护的要素"的隐喻（Metaphor）。

二十九、法律不保护躺在权利上睡觉的人

德国著名法学家耶林（Jhering）有过一篇著名的演讲——为权

利而斗争。他认为人们不会仅仅因为利益的得失去诉讼，但是为了人格会作出他所能承受的诉讼。如果你丢了一百块钱，你会花一百块钱把它找回来吗？如果你是一个正常的人，你不会这么做。但是如果有一个人欠了你一百块钱，不还了，你会花一万块钱请一个律师把它要回来吗？你也许会这么做。在一个法治的社会里，没有人说你不正常，这是你的权利。

然而，在私权利领域，法律处于睡眠状态，即所谓不告不理。你不去找它，它不会理你。想要维护自己的合法权利，就要积极主动地去叫醒睡觉的法律。

当然，法律会给你一个行使权利的时限。为什么呢？因为法律只能依据接近真相的事实（证据）决断是非，当行使权利的时间越长，就越难以接近真相，越难接近真相，就越难决断是非。所以法谚云：法律不保护躺在权利上睡觉的人（The laws aid the vigilant, not the negligent.）。通俗地讲就是"权利不用，过期作废"。

可以设想，如果你的一项权利受到侵犯，无论你是碍于情面或者厌诉，还是出于其他考虑没有提起诉讼，如此这般，你也可能并未保留相关证据。假以时日，你因为其他原因又想起诉，但是，对不起，如果过了诉讼时效，你可以起诉，但是法律将不再保护你的实体权利。

一方面是基于诉争时间太长，无法接近真相，无法实现公平正义；另一方面也是督促权利人主动救济权利，如果过了这个时效，为了节约司法资源，就不再予以保护。

所以说，法律不保护躺在权利上睡觉的人，也就是懒汉权利将得不到有效的保护。

法谚曰："法律不帮助粗心大意之人，帮助对自己利益警觉之人。"也就是说,你可能是一个积极主动争取权利的人,但是,因为粗心大意,过了法律规定的诉讼时效,那么法律也将不再保护你的权利。

自己利益自己不关心,就不能以法律是不公平的为由,攻击法律,因为公平正义永远是相对的。

第三篇　法律人的轨道

一、番茄是水果还是蔬菜

　　法律是科学吗？法律有精确的实验数据吗？法律具有质疑的精神吗？法律具有正当性理由吗？献身科学与献身法律在正当性上是否一致？法律是在为科学立命吗？法律是我们行为的正当性和合理性的科学依据吗？法律可以像科学一样计量或量化吗？

　　在我们接受法治而不是国王或者圣贤之人治理国家的时候，我们认为法律至少是公正的、准确的和可以预判的。法律应当具有科学精神，它是科学的。语言和概念是法律的载体，一般而言，语言和概念在特定情境下是准确的，但是语言和概念总是无法穷尽一切自然现象，在模糊的地带和变化的世界，语言和概念可能会产生歧义和争议。

　　在美国，曾经发生过一个非常有趣的案例（Nix v. Hedden），该案争议的焦点是番茄到底是水果还是蔬菜。如果尼克斯没有诉赫登，我们都是清楚的，但是当这个案子发生后，我们似乎又不清楚了。争议双方因为番茄到底是水果还是蔬菜对簿公堂，而且官司一打就是6年，打到美国最高法院。

事件起因是美国纽约海关依据1883年3月颁布的关税法（Tariff of 1883）对进口蔬菜征10%的税，而进口水果则是免税的，番茄被列为蔬菜征缴10%的税。

约翰·尼克斯是一个爱研究法律的商人，他发现番茄是水果还是蔬菜在法律上是不明确的。于是他请了一名律师把纽约海关的征税官赫登告上了法庭。在法庭上，双方的律师展开了激烈的交锋，争议的焦点是水果和蔬菜的定义，证据就是我们常用的权威性词典：《韦氏词典》（Webster's Dictionary）、《伍斯特词典》（Worcester's Dictionary）以及《帝国词典》（Imperial Dictionary）。

原告认为：按照词典的解释，西红柿属于"果实"。因此，应该列入"水果"不应收取关税。为此，原告还申请了两位从事蔬果生意长达30年之久的商人，向他们询问这两个词在贸易活动中是否有其他特殊的含义，这两个商人都认为这两个词在贸易中没什么特殊含义，和词典的定义一致。而被告认为，像豌豆、茄子、黄瓜这样的"果实"实际上是被定义为"蔬菜"的。

案件一直打到美国联邦最高法院。最后，美国联邦最高法院的法官认为尽管词典定义水果为植物种子，或者包含种子的部分，特别是某些多肉多汁的植物包含种子的部分；但是，此定义并未明确表明番茄就是水果，而不是蔬菜。此外，法官还援引了最高法院此前的两个案例（Brown v. Piper, 91 U.S. 37, 42, and Jones v. U.S., 137 U.S. 202, 216），认为如果词汇在商业贸易中出现特殊含义时，法院应当采信其普通含义，而非特殊含义。因此，在本案中，字典中的内容并不能被视为证据，只是帮助法院理解和记忆。从植物学上讲，番茄是藤本植物的果实，就像黄瓜、南瓜、黄豆、豌豆一样。

在人们的日常语言中，这些都被认为是种在菜园里的蔬菜。它像土豆、胡萝卜、欧洲萝卜、芜菁、甜菜、菜花、卷心菜、芹菜、生菜一样，无论是生吃还是熟吃，通常都是在晚餐里搭配着汤、鱼、肉食用，它是正餐的一部分，而不像水果一样，通常作为甜点。❶

这个案例告诉我们法律语言是严谨的，但是再严谨的语言也可能有打盹儿的时候。法律应当具有预见性，但是无法预见全部的世界，科学本身也是无止境的，因此法律是一门接近科学又不是纯粹科学的现实存在。

二、学习法律可以当总统吗

很多人对法律的第一印象是枯燥、乏味，需要熟记很多法条。要不然，为什么那么多诗人都是法学院逃逸的学生？

但是，我们的老师和长辈常常这样说，学习法律可以做律师，做律师就有可能当总统。学习法律真的可以当总统吗？有依据吗？没错，这个国家便是美国。美国是一个建国只有三百多年的移民国家，它的历史当中，有一半的总统是律师出身或者法律学者出身。

为什么律师或者法律人可以成为美国总统？很重要的原因还得从美国建国说起。美国人在建国时，先向全世界作了一个宣示：起草了《独立宣言》。这个《独立宣言》被马克思称为人类历史上第

---

❶ Botanically speaking, tomatoes are the fruit of a vine, just as cucumbers, squashes, beans, and peas. But in the common language of the people … all these are vegetables which are grown in kitchen gardens, and which, whether eaten cooked or raw, are, like potatoes, carrots, parsnips, turnips, beets, cauliflower, cabbage, celery, and lettuce, usually served at dinner in, with, or after the soup, fish, or meats which constitute the principal part of the repast, and not, like fruits generally, as dessert.

一个人权宣言。

《独立宣言》的五人起草小组中有两人是律师，他们就是后来的约翰·亚当斯总统和托马斯·杰斐逊总统。

约翰·亚当斯总统毕业于哈佛大学法学院，哈佛人最引以为豪的一件事就是"先有哈佛，后有美利坚"。

托马斯·杰斐逊总统有一句至理名言："当你气恼时，先数到10再说话，如果还是气恼，那就数到100。"

约翰·亚当斯总统和托马斯·杰斐逊总统的关系并不好，为了争夺总统的宝座相互嘲讽对方，但是又相互敬重对方。最让世界为之惊奇的是两人都在美国建国50周年纪念日那天去世。

有人说律师善于辩论，天生喜欢参与政治，熟悉法律规则，参与起草《独立宣言》顺理成章，做总统也许也是源于此。

在建国不久，美国迎来了一位只有36岁的小伙子，一位天赋极高、怀揣梦想的青年律师——詹姆士·麦迪逊。这个让全世界刮目相看的年轻的法律人总统将法国思想家卢梭《社会契约论》提出的三权分立思想变成了现实，在他的推动下，著名的费城制宪会议通过了一部具有划时代意义的美国宪法。詹姆士·麦迪逊被称为美国宪法之父，他认为："如果人人都是天使，那么政府就根本没有必要……在构筑人管理人的政府时，最困难的是：你先得让政府有能力控制百姓；接下来，你还得让它能控制住自己。"（汉密尔顿、杰伊、麦迪逊，《联邦党人文集》）

如果说前面三位律师或者法律人总统主要是美国早期建国的奠基人，那么我们就不得不提另外一位颇有建树且具有开创性的律师总统——亚伯罕·林肯。

亚伯罕·林肯被称为美国历史上"新时代国家统治者的楷模"，

他出身底层社会，自学成才，先做了一名小律师，后来积极参政，成为美国历史上享誉盛名的总统。在他的努力下，颁布了美国历史上著名的《解放宣言》，废除了黑人奴隶制度，这才让我们后来看到了美国历史上第一位黑人法律人总统奥巴马。

进入21世纪后，美国经济和科技再次复兴，而这一次复兴的奠基人是毕业于耶鲁大学法学院的克林顿总统。耶鲁大学被称为美国总统的摇篮，已为美国输送了5位总统。耶鲁大学法学院全球排名第一，能够进入这所大学的法学院，离总统的位置就越来越近。耶鲁大学法学院的使命就是培养世界级的精英，律师不仅是为个人和公司提供法律专业知识的人，他们也是政策制定者，是政治家，也是社会的改革者。

离我们现实生活最近的一位法律人总统就是美国历史上第一位黑人总统奥巴马。奥巴马和约翰·亚当斯是校友，都毕业于著名的哈佛大学。不同的是，奥巴马没有直接做律师，而是先去芝加哥大学当了一名法学教授，后来不想当教授了就出仕竞选总统。奥巴马不仅实现了黑人当总统的梦想，教授当总统的梦想，还获得了诺贝尔和平奖。

奥巴马最令人尊敬的地方还在于他卸任总统后，当起了制片人，拍了一部反映美国底层社会的励志片《美国工厂》，讲述中国企业福耀玻璃在美国创建工厂的故事，受到无数美国人和中国人的尊敬。

为什么这么多律师或者法律人热衷当总统？大抵是律师本身都经过严格的训练，这种严格的训练包括如何进行决策和如何在法治信仰下思考。无论是在法学院学习还是从事律师职业，无论是为一个离婚案件的当事人作决策还是为一个跨国公司的世纪并购作决策，法律人的使命就是严谨地、正当地进行决策。他们之中的佼佼者便能胜任做一名总统，为国家、为民族、为社会作出正确的决策。

三、像法律人一样思考

为什么要"像法律人一样思考"？这个问题其实是一个很有趣的话题。我们学法律的人在大学上的第一堂课就是要学会像法律人一样思考。什么叫像法律人一样思考？我们不知道，但是我们知道当我们把人分为法律人和非法律人时，思维已经开始在切换。

显然，法律人的思维方式是后天训练出来的，不是先天自带的。但是，人的天赋是有差别的，因此，在各种机会的聚合之下，有的人先成功，有的人后成功，这不过是现实世界的一个基本规律。

那么，如何验证你是像法律人一样在思考呢？我印象比较深的就是小时候看京剧《铡包勉》，包拯铁面无私，大义灭亲，用铡刀铡了自己的亲侄子。在非法律人看来，包拯铡包勉实现了实体正义。但是，法律人思考的是，包拯铡包勉从现代法治程序上看不是正义的。

包勉是包拯的亲侄子，按照现代法治之程序正义是实体正义的基础，包拯应当回避，无论包拯怎么审判，都无法让老百姓和包勉心服口服。在法律人看来一次程序的不正义所带来的危害比一百次实体不公正带来的危害还要大，因为程序不公正破坏的是整个生态。

那么在法学院接受过法律教育的人和在律所接受过法律训练的人的思维是一样的吗？当你从法学院走出来在律所从事法律职业后发现二者还是有区别的。

如果我们问一个法学院毕业一年的实习律师，从事律师职业和在法学院学习的最大区别是什么，他们的回答基本上都是引用大法官霍姆斯的名言："法律的生命在于经验而不在于逻辑。"说对也不对，不对的关键是思维方式的不同，无论是大陆法系还是英美法系的法学院，案例学习是法学院法律职业训练的重要课程。

案例教学和律师实务最大的区别是什么呢？案例教学的案例以假设为前提，有对错之分，考察的是你对法律的理解和掌握程度。但是，律师实务没有对错之分，所有的法律问题没有标准答案，而你必须替当事人作决策，还要对自己作的决策承担责任。当事人把所有的期望都寄托在律师身上的时候，所有的假设都不存在了，只有证据和法律。

亚当·斯密在《国富论》中这样写道："我们把自己的健康托付给医生，把自己的财富，并且有时还把自己的名誉和生命托付给律师或代理律师。这类事情不能随便托付给一个非常平庸或地位低微的人。因此，他们的报酬必须配得上他们在社会所应有的且与这样一个重大地位相称的信任。他们在接受教育时所必须付出的长久时间和巨大费用，与上述情况结合在一起，必然进一步提高他们的劳动价格。"

因此，学习法律的人需要学习一点经济学，经济学不教人怎么赚钱，但是它会教会你为什么没有赚到钱。法律人的思维是围绕当事人的权利义务展开的一场危机公关。对于一个律师来讲，他的法律思维是在为当事人委托事项作决策过程中按照法律的逻辑来观察问题、分析问题、解决问题。

中国铁路总公司决定火车票涨价，对于决策者来说，决定火车票涨价这一决策既是经济思维，也是政治思维。但是，如果我们认为火车票涨价侵犯了我们享受公共服务的权利，起诉中国铁路总公司，这就是一种法律思维；如果我们在网上批评决策者没有考虑中国国情，这是道德思维。

站在不同的角度，基于不同的利益考虑，同样的一件事，不同人的思维是不一样的。法律人的思维就是按照法律的逻辑观察问题、分析问题、解决问题。

任何法律问题，我们都可以分解成以下两个问题：

1. 法律关系是什么？
2. 请求权基础是什么？

通过上述分析和法律训练，可以发现法律思维是以法律设定的权利义务作为基本的逻辑线索，这就为我们厘清法律关系奠定了基础。

关键是如何梳理出请求权基础。请求权基础又叫请求权规范基础，是指原告能够向被告有所请求的具体的法律规范。

任何法律问题，即便是互联网智能时代，社会关系日新月异，我们总能找到请求权的基础，如《中华人民共和国民法典》第10条规定："处理民事纠纷，应当依照法律；法律没有规定的，可以适用习惯，但是不得违背公序良俗。"这是民法的精髓，处理民事关系，有法律依照法律，没有法律依照习惯。事实上，明确了法律人在成文法国家处理疑难案件的请求权基础就是习惯。

法律人的思维除了厘清法律关系和请求权基础，还要在两个基本的维度中寻求解决问题的思路。

法律思维或者法律人眼中的正义是有限正义，是一个无限接近真相的正义。因此，我们需要进一步追认，真相是什么？在法律人的思维中，眼见不一定为实。在法律人的眼里没有事实，只有证据和法律。这种思维，没有接受过法律教育的人很难接受，这就是法律事实和客观事实的区别。

法学家郑成良教授认为法律人的思维是建立在合法性优先于客

观性的认知基础上的。他用科学研究的实验室规则和法庭规则进行了比较。

我们知道,一个科学发明或者科学发现,需要做千百次甚至上万次的实验进行验证,这种科学发明或者科学发现必须符合客观规律,而且能够被其他人反复验证。法院的判决是有条件地尊重客观事实,但只有证据证明的事实和符合法律规定的事实,非法手段获取的事实即便是真实的,也会因程序违法而被排除。因此,美国当年发生的震惊世界的辛普森杀妻案,从法律的实体公正上讲,公诉机关提交的证据足以证明辛普森就是凶手,但是因为警察在搜集证据中的程序瑕疵,最终辛普森被判定无罪。这样的法治理念可以用英国哲学家培根说过的一句话印证:"一次不公正的裁判,其恶果甚至超过十次犯罪。因为犯罪虽是无视法律——好比污染了水流,而不公正的审判则毁坏法律——好比污染了水源。"

再比如,对于高楼林立的大城市中所出现的高空抛物砸伤路人事件,法院在经过适当的法庭调查后无法确定高空抛物是由哪一个人造成时,根据普遍正义优先于个案正义的原则,一般会裁定高空抛物合理区域内住户承担共同损害赔偿责任。这必然会牺牲没有实施高空抛物行为的其他住户的正义。

对于现实社会的种种现象,通过法院的裁判,普通公民可以真正认识到法律的公平正义背后的思维逻辑。

四、法律人的商业文明与商业思维

人类商业文明和商业思维与正义同在。律师参与人类商业文明与正义并不冲突。恰恰相反,律师让商业文明得以按照正义传承。

明朝著名的科学家宋应星在《天工开物》之"野议·盐政议"中盛赞:"商之有本者,大抵属秦、晋与徽郡三方之人。"

徽商的商道不仅传承了民国时期的商业文明还传承了商业文明中的正义之道。"斯商:不以见利为利,以诚为利;斯业:不以富贵为贵,以和为贵;斯买:不以压价为价,以衡为价;斯卖:不以赚赢为赢,以信为赢;斯货:不以奇货为货,以需为货;斯财:不以敛财为财,以均为财;斯诺:不以应答为答,以真为答。"(季宇,《新安家族》)徽商的商道实为企业经营的宪章,通过诵读这种契约仪式感传达至上下,俨然现代意义的企业合规之训。

律师应当站在整个商业文明的历史当中看待律师服务的企业和企业家,熟悉商业规则,从中找出商业文明与正义的耦合。比如合规是律师商业思维和企业家商业思维的第一次碰撞。如何让企业家从商业思维转化为合规思维,必须站在企业家的角度看问题。通用电气公司(GE)的首席执行官(Chief Executive Officer,CEO)杰克·韦尔奇曾经说:"其实并不是 GE 的业务使我担心,使我担心的是有什么人做了从法律上看非常愚蠢的事而给公司的声誉带来污点并使公司毁于一旦。"

律师不能寄希望于企业做大做强了再去考虑合规,合规在企业经营的每一分利润当中都有体现。

很多大公司里都有一个非常重要的岗位——首席合规官(Chief Compliance Officer),这个岗位直接向首席执行官汇报工作。跨国企业在全世界范围内经营投资,第一原则是评估合规风险。因此,在跨国企业中,首席合规官的职责就是审查企业的经营投资及自身制度是否符合所在地法律法规和政府命令,避免因企业经营投资不合规而被政府调查或者起诉,或者违反《反洗钱法》、客户隐私保护、反歧视和机会均等的法律规定，而使企业声誉受损和遭受巨额罚款。

反观中国企业，其在发展壮大过程中，往往因为不重视合规（Compliance）而"翻船"。很多民营企业，即便是非常重视法律风险预防和合规的民营企业，也很少设立首席合规官，法务部门常常只是一个部门经理的级别，往往很难达到真正的帮助企业做合规管理的高度。

一个不能直接产生利润的部门，往往被企业边缘化，被企业家边缘化。这种情况下，企业和企业家只有在出现了危机的时候才想起法务部门，甚至只是把律师或者法务部门当作救火队。

因此，律师的作用是让企业时刻能够警醒，在天气晴朗的时候修葺房屋。

五、法律人的思辨性思维

日本著名的管理学家、麦肯锡前顾问大前研一认为："解决问题的基本在于保持疑问，怀疑这个结论是不是最佳的结论，这样一来就能够找到解决问题的线索。"（大岛祥誉，《麦肯锡工作法：麦肯锡精英的 39 个工作习惯》）

大前研一的问题导向思维方法和民国著名的国学大师黄侃先生关于科学方法的论断如出一辙。黄侃先生认为："所谓科学方法，一曰不忽细微，一曰善于解剖，一曰必有证据。"

什么是思辨性思维？*The Critical Thinking Community* 释义为："批判性思维是一种思维模式——思考任何主题、内容或问题——在这种思维模式中，思考者通过熟练地分析、评估和重构来提高他或她的思维质量。批判性思维是自我指导、自我约束、自我监控和自我纠正的思维。它的前提条件是认可严格的卓越标准，并谨慎地使用这些标准。它需要有效的沟通和解决问题的能力，并克服我们天生的自我中心主义和社会中心主义。"（Critical thinking is that mode of thinking-about any subject, content, or problem-in which the thinker improves the quality of his or her thinking by skillfully analyzing, assessing, and reconstructing it. Critical thinking is self-directed, self-disciplined, self-monitored, and self-corrective thinking. It presupposes assent to rigorous standards of excellence and mindful command of their use. It entails effective communication and problem-solving abilities, as well as a commitment to overcome our native egocentrism and sociocentrism.）

思辨性思维是我们日常解决问题的一个基本规律。其基本方法就是对问题保持怀疑的态度，验证结论的有效性，提炼问题的价值判断。

一般地，如果我们的思维有一个维度的话，大概有四个维度：

第一维度是追随思维。追随思维实际上伴随我们成长的每一个过程，从我们出生后，父母就是我们追随的影子，然后是老师，工作后的领导、意见领袖、偶像等。追随思维容易相信权威，容易形成立场。

第二个维度是独立思维。独立思维建立在有无问题的基础上，有选择性地接收信息，拒绝人云亦云，遇到问题能够质疑。

第三个维度是批判性思维。批判性思维不仅独立思考问题，而且遇到问题除了质疑还可以辨别真伪，有了价值判断。

第四个维度是思辨性思维。思辨性思维对于问题不仅能够独立思考，辨别真伪，还能辨别问题的优劣，形成自己的价值准则，打破思考问题的路径依赖，换位思考，反思和自我迭代。

六、法律人的信仰与仪式感

有人问智者："信仰是什么？"

智者答："你走过大桥吗？"

"走过。"

"桥上有栏杆吗？"

"有。"

"你过桥的时候扶栏杆吗？"

"不扶。"

"那么，栏杆对你来说就没用了？"

"当然有用了，没有栏杆护着，掉下去怎么办。"

"可是你并没有扶栏杆啊。"

"……可是……可是没有栏杆，我会害怕！"

"——那么，信仰就是桥上的栏杆！拥有了信仰的保障，你的生活才会更踏实，这就是信仰的力量！"

德国著名哲学家卡尔·西奥多·雅斯贝尔斯在其著作《什么是教育》中认为："教育就是一棵树摇动一棵树，一朵云推动一朵云，一个灵魂唤醒另一个灵魂。"（Education is a tree shaking a tree, a cloud to promote a cloud, a soul awaken another soul.）耶鲁大学校长理查德·莱亦认为："教育的目的是不为功利所累，而是为生命的成长确定方向，为社会、为人类的进步做出贡献。"（Richard C. Levin, *The Work of the University*）

法律人的第一信仰是什么？法律人的信仰是相信法律是向善的，

相信法律是保护人之所以为人的权利的篱笆。法律可以让人自由地发挥个人潜质，自由地选择方向。

法律人这种唯坚守善良的法律、坚守法律底线的信仰之价值在于"一棵树摇动另一棵树，一朵云推动另一朵云，一个灵魂唤醒另一个灵魂"。无论法治环境怎样，我们法律人心中总是有太阳。挫折、苦难、一时的困惑、煎熬、迷茫，事事不如意，作为人，可能都会遇到。压倒骆驼的最后一根稻草也许常常在我们眼前晃荡，扛一扛不一定会过去。但是，这种坚守信仰的魅力，才是今后我们少小离家老大回，引以为傲的一生。

做事的人，忙碌的状态往往会忽略一些生活或工作外的细节。有的律师在工作场合一直保持西装革履，因为西装革履的人给人的第一印象是职业；第二印象是着装上看起来很专业，业务上可能也不差；第三印象是西装革履的人给人一种精气神很足的感觉。

所以，我们常常讲生活中要时不时地做一些有仪式感的事情，它会重新点燃你内心的那团火。法国作家安托万·德-圣-埃克苏佩里的《小王子》告诉我们："仪式感是使某一天与其他日子不同，使某一刻与其他时刻不同。"

《论语·季氏篇第十六》记载了孔子教育儿子孔鲤为什么学诗和礼的典故。

陈亢问于伯鱼曰："子亦有异闻乎？"对曰："未也。尝独立，鲤趋而过庭，曰：'学《诗》乎？'对曰：'未也。''不学《诗》，无以言。'鲤退而学《诗》。他日，又独立，鲤趋而过庭，曰：'学《礼》乎？'对曰：'未也。''不学《礼》，无以立。'鲤退而学《礼》。闻斯二者。"陈亢退而喜曰："问一得三。闻《诗》，闻《礼》，又闻君子之远其子也。"

孔子认为："不学诗无以言，不学礼无以立。"放在当下，作为一名律师，不学好英语，如何做全球跨境业务；作为专业人士，没有仪式感，就不能以专业人士立足。

谚语曰：人靠衣装，佛靠金装。很多律师助理并不注重自己的职业着装。但是，我们常常讲，一个人的着装展示的是一个人的精神面貌，是获得客户好感的第一要素。

西装革履并不像休闲的衣服那么宽松，它体现着律师的职业精神，任何时候都不要忘记你是一名律师。古人读书很讲究仪式感，所谓"沐浴焚香，更衣膜拜，开卷获益"。

对于法律人来讲，男士要有气场，女士要有气质。大部分人的气场和气质都是练出来的。

经常参加有仪式感的活动，首先会获得一种庄重的感觉，其次会自觉矫正自己的日常行为，还有就是获得某种尊重。品质靠读书、靠学识、靠专业、靠精致的生活装扮。这种特殊的场合或者特殊的职业要求，会潜移默化改变一个人的行为素养。

七、"知鱼乐处"还是"处乐鱼知"

福州城中有一处著名的文化遗址"三坊七巷"。其中黄巷的一处小黄楼是唐代崇文阁校书郎黄璞的故居，庭院内有一小桥，名曰"知鱼乐处"，倒过来读"处乐鱼知"。短短四个字，正着读、倒着读，将庄子与惠子典故展现得淋漓尽致。

作为"操两可之说，设无穷之辞"又或为"名辩之学"的律师，如果把自己的情绪带入法庭，或者角色错配将当事人的情绪带入法庭，不仅会影响自己的专业判断，还会将自己搞得痛苦不堪。

所以，作为律师，入庭则"操两可之说，设无穷之辞"，出庭则"沧海一声笑，滔滔两岸潮"。

美国社会心理学家费斯汀格（Festinger）的研究表明："生活中的10%是由发生在你身上的事情组成，而另外的90%则是由你对所发生的事情如何反应所决定。"

我们常常说，能调控情绪的人，才能控制自己的人生；一个人，如果连自己的情绪都控制不了，即便给你整个世界，你也早晚毁掉一切。

情绪是一个人对待周围的人、周围的事最直观的反应。律师是处理复杂社会关系和人际关系的职业人士，将法律规则直接用于人们的商业和生活中，其职业特性在于为当事人抑制和处理各种危机。

本杰明·富兰克林（Benjamin Franklin）在《穷理查年鉴》（*Poor Richard's Almanack*）一书中告诉我们："如果你要说服别人，要诉诸利益，而非诉诸理性。"

作为律师，我们始终处于说服别人的立场，而这种立场在于我们基于法律的逻辑和规则建立的一整套体系。同样是法律人，但是立场不同，看问题的角度也不同。

任何问题，脱离利益谈诉求都如同缘木求鱼，看似因为赌气或者礼貌或者诚信等引发的问题，归根结底，都得通过利益化解。

比如谈判的技巧中，你让别人舒服的程度，决定你能抵达的高度。任何时候都不要以条件不对等方式展开谈判，即便你真的永远处于绝对优势地位。

"合作，有三个层面，小合作要放下态度，彼此尊重！大合作要放下利益，彼此平衡！一辈子的合作要放下性格，彼此成就！"

心理学家用图（图3-1）生动地告诉我们，任何谈判或者辩护交锋，最终达成的共识其实和我们想到的、我们能用语言表达的、我们说出口的、别人最终理解的是有很多道鸿沟需要逾越的。

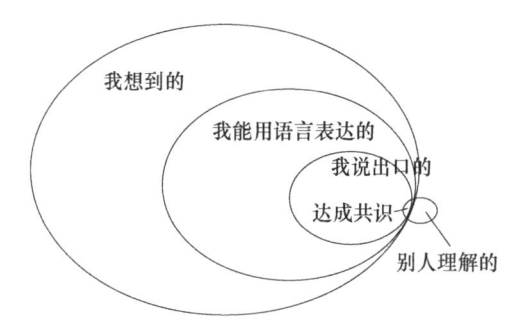

图3-1 谈判与辩论语言表达及最终理解图

我们常常说"眼见为实"，但是我们必须接受，我们的眼见有的时候是一种误见。

下面这两幅图（图3-2），中心的圆哪个更大？通过我们肉眼直观的感受，大部分人认为左边这个更大。但是，实际上这两个圆一样大。我们所看到的东西，因为周围环境的变化，观察的结果也会不一样。因此，眼见不一定为实，环境不一样，观察的角度不一样，观察到的和看到的也会有差别。

图3-2 对比图

八、青年律师的成长

网上流传一段话：当你的成长速度跟不上爱人时，婚姻就会出现问题；当你的成长速度跟不上孩子时，教育就会出现问题；当你的成长速度跟不上上司时，工作就会出现问题；当你的成长速度跟不上客户时，合作就会出现问题；当你的成长速度跟不上市场时，公司就会出现问题。解决任何问题的核心就是：学习、成长、改变。

学习、成长、改变也是我一直在内心遵循、努力向往和不断践行的做事逻辑。关于律师的成长，运行轨迹不同，走出的印辙也不同。不同的平台成长起来的律师也有着不同的思维方式和做事方式。因此，我常常勉励律师助理不要降低自己的做事标准，年轻时对自己苛刻一点，成熟后赢得尊重的时刻会很多。

年轻人不够谦卑是最可怕的。做事毛手毛脚，机械执行合伙人的决策，不经过细致的思考，可能是大多数助理成长的问题。很多时候，他们觉得揣摩和领会合伙人的意思是一件非常不容易的事，但是，这确实是一个合格助理应有的本领。

对于刚从法学院毕业出来的法律人，必须要有一段学徒式的成长，如果跟不上团队的节奏，跟不上合伙人的节奏，也不可能跟得上客户的节奏。

律师把自己称为经过严格训练且经过司法考试的专业人士。但是，在服务客户的时候，会遇到有一些客户在商务领域、合规之道的见识或者经验，在某些方面超出律师和律师助理的专业能力，这样的法律服务对合伙人、律师、律师助理都是司空见惯的。因此，常有敬畏之心，常有复盘的心态，常有查漏补缺的心态，常有不够完美的心态，才能练就自己细微之处，眼见高低和真知灼见。

每次庭审之后，我都会复盘，总结有哪些地方没有做到位，对方律师有哪些方面值得我学习，尽管有时候对方律师可能犯了一些低级的错误。

专业赢得尊重，亘古不变。任何一场庭审，都要花百分之一万的精力去准备，赢要赢得对手和法官的尊重，输要输得有理有节，进而赢得客户的尊重。

制约律师成长最大的问题是合作，法科生在法学院训练中最缺乏的就是合作思维的训练。当一个人一直处于一种思辨思维的状态，就会缺乏合作精神。经济学的一个基本假设是人性是自私的，只有建立在人性自私的基础上，才能研究一切经济规律。法律人的一个基本假设也是人性是经不住考验的，需要建立规则。法学院的学生如果只研究案例，钻研法理，而不跳出专业的桎梏，就很难形成合作的思维。随着学科交叉、人工智能和物联网的发展，经济领域的融合必然带来法律服务的融合，这种融合需要合作精神。

任何时候，善于合作的律师，往往能够在市场上形成品牌，这就是我们常说的："合作，有三个层面：小合作要放下态度，彼此尊重！大合作要放下利益，彼此平衡！一辈子的合作要放下性格，彼此成就！"

律师为了当事人的利益，往往有进攻的思维，有防守的思维，很少有合作的思维。事实上，律师常常是争议各方的润滑剂，要以解决问题为核心，而不是把问题复杂化；要以当事人的商业利益为核心解决问题，而不是以法律为核心解决问题。

律师在成长的道路上要读很多书，先成为专才，然后努力成为通才。谙熟法律，不仅要懂经济学、社会学、心理学、谈判学、金融学，也要懂一些医学、人工智能等科技领域的知识。

作为律师，我们还要学会接受失败。法律人"经得住多大诋毁，就能担得起多少赞美"。在现有的法治环境下，职业共同体生存本就不是一件容易的事。

追求成功是大部分人的梦想。如科学家爱因斯坦所说："人的差异在于业余时间，业余时间生产着人才，也生产着懒汉、酒鬼、牌迷、赌徒。由此不仅使工作业绩有别，也区分出高低优劣的人生境界。"（《爱因斯坦自述》，王强译）那些从律师助理一步一步升至合伙人的人，其实一开始与大家的差别并不大，只是有的人走得快，有的人走得慢，差别主要在于对业余时间的利用。一个美国记者问爱因斯坦关于他成功的秘诀。爱因斯坦回答："早在1901年，我还是22岁的青年时，我已经发现了成功的公式。我可以把这公式的秘密告诉你，那就是 A = X + Y + Z！A 就是成功，X 就是正确的方法，Y 是努力工作，Z 是少说废话！这公式对我有用，我想对许多人也是一样有用。"（《爱因斯坦自述》，王强译）

一个人的成功，不仅要看他在人生的某一个阶段所取得的成就，还要看他在整个生命线上活动的姿态。大部分人都是世俗的人，但是我们的成功主要基于：第一，把自身的潜力发挥到极致，亦把自己的健康延长到极致；第二，要学会接受失败；第三，要找到你在这个世界的使命。

谚语讲："命是弱者的借口，运是强者的谦辞。"所以命运要分开来看。复旦大学胡君辰教授认为，每一个人生来都有"命"和"运"两个属性，命相同而运不同。人的出生，会有很多限制和机会，如家庭、遗传病、出生地、周围环境（孟母择邻，其实是对孟子运的革新）等。有人悲惨，有人优越；有人普通，有人跌宕起伏；有人一帆风顺，有人轰轰烈烈；有人只看到限制而没有看到机会，有人绕开限制寻机突破，成功了。

人的命运犹如一个可以不断膨胀的容器，这个容器由生命、限制、机会构成，人通过行为影响这个容器的大小，当一个人突破了自己的容器，就会出现危机。人的行为受人的自我谈话的思维方式影响，而人的思维又受个人经验和他人经验的影响。（如图3-3所示）比如，和自己水平差不多的人创业成功了，这是他人的经验，但极有可能使你产生自我谈话："既然他可以成功，为什么我不可以成功？"所以，我们既要接纳自己的命，也要顺势而为发现自己的运。

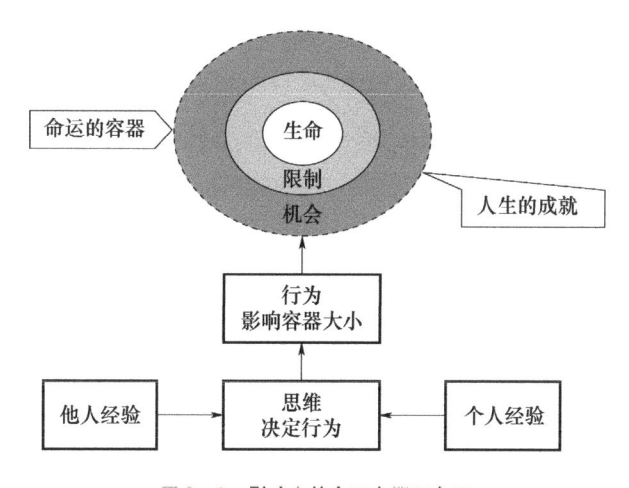

图3-3 影响人的命运容器示意图

经验的积累是律师通往成功的必经之路。九层之台，始于垒土。并不是做的案件越多，积累的经验就越丰富。考验律师经验最重要的是那些新型案件和疑难案件。尤其是对初入职场的年轻律师来讲，积累经验与案件大小没有太多关系，关键是要形成一套自己处理法律实务的标准和行为处事的方式。

正如一句古老的格言："经验是智慧之父，记忆是智慧之母。"

（Experience is the father of wisdom and memory the mother.）律师是靠自己的记忆和经验吃饭的，这就是所谓的专业和职业素养。良好的记忆和经验为律师的职业带来良好的口碑，按照邓宁－克鲁格心理效应理论（图3-4），律师至少要在开悟之坡上前行。

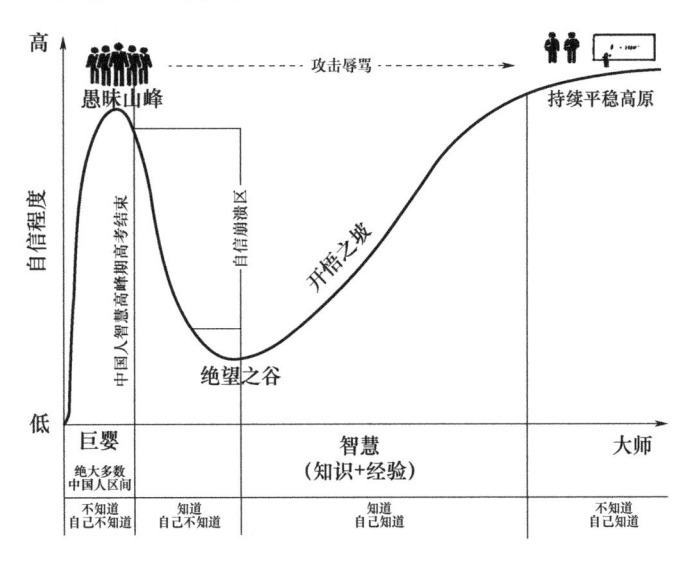

图3-4 邓宁－克鲁格心理效应（Dunning-Kruger effect）

九、律师助理的成长

谁没有过少年，谁没有过梦想，谁还在坚守初心……写下这句话，我沉思了很久。

经验告诉我们，人的天赋是有区别的。所以，必须承认有些律师法律业务做得好和他的天赋有很大关系。

成功是由成功者定义的，而失败是由别人定义的。想成功的人，他必须将平台力和天赋力发挥到极致。

如果我们的天赋不是那么好，我们的运气也不是那么好，我们也没有什么贵人相助，我们如何以自己的靠谱、踏实取得合伙人的认可呢？

我们不妨反思下律所合伙人是怎么想的。如果一个优秀的律所合伙人是通过压制年轻的律师成就自己的事业，那他不可能成为律师行业的佼佼者。一个优秀的合伙人一定是希望将自己的看家本领传授给自己的助理的，期望自己的助理能够踏踏实实干好每一件事，不捅娄子，最好是能够坐着直升机成长起来。

我们常说优秀是一种习惯，如果我们读书的时候，班级里面没有一个人发现你出众的一面，那么你可能不是一个追求优秀的人。一个不追求优秀的人，很难进入优秀的律师事务所，在优秀的合伙人面前展现出众的一面。

我们可以做一个压力测试：

1. 你是如何向合伙人推荐自己的？

第一关，简历。你是否问过自己发出去的简历为什么会石沉大海？是合伙人真的没有发现你这匹千里马吗？关键的问题是，你是不是千里马第一步得靠简历体现。然而，求职者当中可能有80%的简历并没有体现你自身的优势。谁之过？简历是你交给合伙人的第一件作品。《精英律师》中说，合伙人收费是1小时10万大洋，那么他为什么会花半个小时看一份非常糟糕的简历呢？好好想想自己真的尽力去写好一份自己的简历了吗？有没有想过简历中有无错别字？有没有深思过简历中对自己的定位和经历的描述是否准确？有没有想过一页纸的简历中每一行文字都在展现个人的文字功底，那些介绍自己背景和经历的文字都是经过逐字逐句审阅的吗？古人作诗，"吟安一个字，捻断数茎须"。你在这份简历当中到底投入多少，扪心自问过吗？一份漂亮的简历是开启自己事业生涯大门的钥匙，如果你在简历上写着熟练掌握office办公软件，却做不出一份排版漂亮的简历，那么作为法律人，你的专业性体现在哪里？进入律师这个行业，我们的专业性首先体现在交出的每一份法律咨询的备忘录、尽职调查报告、法律意见，甚至是一份电子邮件当中。任何作品，行文之严谨，排版之简洁、大方、美观是最基本的要求。每一个人的审美是不一样的，但是从事法律咨询，交出的产品要符合大众审美。客户对律师的要求就是严谨、规范、做事认真，这些价值判断第一步必然体现在简历上。

一份简历，要根据自己出众的一面，让合伙人看到你的长处。无论有没有丰富的实习经验，有无卓越获奖，有无做过法律研究，总会有那么一个亮点值得你在简历当中突出表达。千万要记住，简历必须要有出众的一面，除非你在很多方面都很优秀。

第二关，电子邮件。电子邮件是你和从未谋面的合伙人律师的第一次交流，体现的是你自身的礼貌和学识素养。

电子邮件要有主题，虽然你尚未走向社会，但是可能经常和导师有邮件往来。写邮件是律师最重要的一项工作，合伙人每天都会收到很多邮件，所以你发来的邮件必须主题突出、命名规范、自然，让他知道这份发邮件的人或许是他要的千里马。

邮件一定要有签名，无论你有没有自报家门。邮件签名代表着你在规范地要求自己，签名不仅告诉了合伙人你的名字、学校、专业、联系方式、地址，也告诉了合伙人你是一个非常注重客户体验和细心的人。

正文要写你为什么要加入这个团队，如果你的邮件是发给某个合伙人，你一定要通过该律所的官方网站及其他途径了解这个合伙人团队所做的事情，结合你的专长，让合伙人知道你很用心、很认真，并且重视这个机会。总之，你要告诉合伙人你基于你所能穷尽的方式了解了律所和合伙人团队，非常认可律所及合伙人团队，并且要表明以自己目前的学识及能力，在哪一个方面具备培养的潜力。

切记不可群发邮件给每一个合伙人，这是一种极不尊重他人和做事不严谨的行为。

很多人，无论是学生时代还是工作很多年，真的不会写一份商务邮件，甚至最基本的"尊敬的某某律师您好！""非常期待您的回信！""顺祝商祺！"等一些商务措辞都不会使用。

2. 你真的尽力了吗？

对于合伙人让你研究的法律问题，你真的尽力了吗？很多时候，不是合伙人不知道这个问题的答案，而是需要你将客户的问题用法律语言表述清楚，然后分析其中的法律关系，并给出典型的案例验证你的分析。

但是，很多的助理并不是这么做的。一个小时，甚至几个小时过去，没有反馈。合伙人问他做好了吗？他却发来几个法规，如果你是合伙人你会怎么想？

3. 你有精益求精的那股劲儿吗？

如果合伙人给你安排一个专项法律问题，你会如何打磨这个"产品"？很多助理真的缺少那股精益求精的劲儿，他们把合伙人交给的研究任务仅当成一项工作来完成，而不是提升自己专业能力的一次机会。所以，助理给到合伙人的产品，常常会被合伙人改得面目全非，甚至重写。能力只是其中一个问题，态度却十分重要，如果一个人不能确保做事做到精益求精，那么就永远都不知道自己和优秀的人差距在哪儿，做出来的法律产品的可信性就会大打折扣。

有些助理甚至会引用已经失效的法规，或者引用通过互联网检索的信息，或者引用新闻媒体的信息，这样不经过法律的系统思考做出来的产品往往容易误导合伙人。其实，即便是合伙人，每次开庭之后都会发现还是有准备不足的地方。律师的工作就是一个精益求精的过程，永远没有完美。

4. 不该说的不说，不该做的不做，你做到了吗？

律师和当事人之间的交流，无论是否是私密的，对于律师来讲，都有保密的义务。在当事人看来，他对律师的信赖程度要远远高于没有经过法律训练的人。因此，虽然律师听得多、见得多，但是在哪里听来的、在哪里看到的，就让它停止在哪里，这是律师的本分。

互联网时代，微博、微信等传播方式让弱社交转变为裂变式的强传播。说者无心，听者有意，微信群和朋友圈不经意的一句话，也许瞬间以另外一个你完全无法想象的版本传播出去。古今中外，每一个人的身边，总有是非之人。

孔子认为，君子"克己复礼为仁"，怎么做才算礼呢？即"非礼勿视，非礼勿听，非礼勿言，非礼勿动"。

5. 凡事有交代、件件有落实、事事有回音，你是一个靠谱的人吗？

律师做事的靠谱指数要高于常人，因为律师是靠专业和做事靠谱吃饭的。我们常常讲，靠谱就是把这事交给他之后完全不用操心后续，因为你知道他肯定能落实，就算没办好，也能及时给你一个反馈。

一个靠谱的律师，做事标准就是"凡事有交代、件件有落实、事事有回音"。他不仅能在约定时间内给予反馈，而且随时保持和你沟通,及时给出阶段性反馈。

靠谱的法律人不仅有自己的做事标准,而且是时间和工作安排的高手。什么是重要的事项,什么是重要但不紧急的事项,什么是紧急但不重要的事项,什么是不紧急也不重要的事项(如图3-5),安排得妥妥当当。任何一件事就怕"认真"两字。

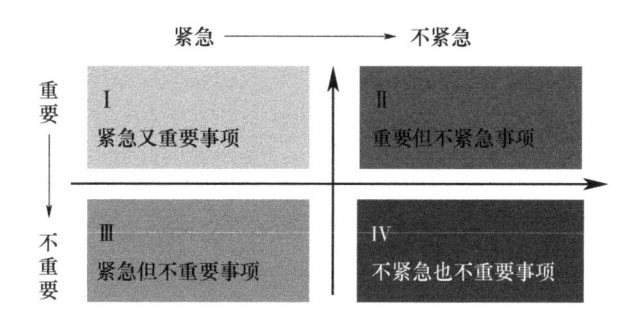

	紧急	不紧急
重要	I 紧急又重要事项	II 重要但不紧急事项
不重要	III 紧急但不重要事项	IV 不紧急也不重要事项

图3-5 合理安排事项示意图

6. 你努力让自己变成通才型跨界专家了吗?

做专一件事至少需要5年时间的专注和努力。但是,要成为一个通才,需要至少10年的时间。我们当中的大部分人选择在一个领域做专;极少数人不仅在某个领域是专家,而且也是一个专家型通才,这是顶尖的人才(如图3-6)。

数字经济时代,流行的一个词叫"跨界"。跨界的人和江湖郎中有什么区别?

很多人知道律师分为诉讼律师和非诉律师。诉讼律师有做知识产权的、有做企业上市的、有做劳动纠纷的、有做婚姻家庭的……在数字经济时代背景下,法律行业的专业化分工越来越细。但是,也有很多"万精油"律师,用当下的话叫"跨界"。比如,在当下,做金融证券的非诉律师在解决投资对赌或资产证券化、商业保理等供应链金融争议时需要具备出庭诉讼的能力，金融证券纠纷的复杂性必须具备跨界融合能力才能真正理解金融业务的逻辑。

Source:IBM model of the T-shaped professional

广泛研究许多不同的领域，理解连接这些领域的更深层次的原则，然后将这些原则应用到他们的核心专业。

——贝恩公司董事长Orit Gadiesh

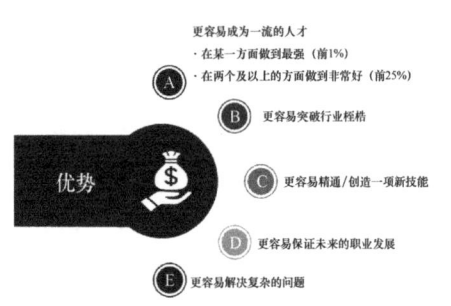

优势
A 更容易成为一流的人才
· 在某一方面做到最强（前1%）
· 在两个及以上的方面做到非常好（前25%）
B 更容易突破行业桎梏
C 更容易精通/创造一项新技能
D 更容易保证未来的职业发展
E 更容易解决复杂的问题

图3-6 专家型通才的特点和优势

虽然团队化作战能够给客户靠谱的信赖，但是唯有具备跨界能力的合伙人才能真正带领团队创造出更多的价值。

律师在为客户解决问题方面，不仅要具备法律专业领域的跨界能力，还要具备法律专业领域之外的其他行业的跨界能力。律师在大数据、人工智能、区块链等互联网和新型科技领域的跨界深耕，更能够深度参与到企业创新和发展过程当中，深度陪伴企业成长。

法律人为什么要与众不同？最合乎逻辑的解释就是法律人经过严格的职业训练，经过职业训练的人，身上带着职业素养或者专业素养的光环。所以，我们判断一个刚毕业的大学生能不能胜任律师助理的工作，一个重要的因素是看他掌握了多少项职业技能。

通过司法考试，获得专利代理师、税务咨询师、注册会计师资格，获得较高的托福或者雅思成绩，等等。这些基本的技能是直接敲开职业生涯第一道门槛的钥匙。这些职业技能不代表你真的可以胜任这份工作，但是代表你靠谱的程度和做事的专业度。

律师作为为客户解决棘手问题的专家，其本身需要具备一定的领导力。没有人生来具备领导力，领导力就是你的能力在别人的身上体现出来。如果你自己很能干，只能说明你具备一定的专业技能，不包括你的领导力。马云说自己不懂互联网，但是他网罗了全世界非常能干的一批互联网人才。马云的能力是从淘宝、天猫、蚂蚁科技等一干合伙人身上体现出来的。

7. 选择比努力重要，你正确选择了吗？

"男怕入错行，女怕嫁错郎。"如何评估自己是否具备某项专业素质或者说自己适合从事哪一行业，只有自己本人最清楚。一个人在进入不熟悉的领域之前，如何评估自己的能力呢？有的人属于自来熟，来得快，去得也快。有的人属于慢热，需要经过长时间打磨，慢一点或者笨一点，但是做事踏实。

以我为例，我本科学的是市场营销专业，研究生读的是法律硕士，这完全是一个跨界的选择。

我本科学市场营销是没得选择。那个时候，我也不知道怎么选择，也没有人教我怎么选择。但是，对于跨界考法律硕士，却是一个明智的选择。在学习市场营销的过程中，我广泛地涉猎经济学，为了弄懂囚徒困境和不完全契约理论，似懂非懂地进入了法律的世界。

基于对市场经济的敏感,虽然我在延安大学上学,但是那个时候我的眼里盯着的是深圳、上海这两片热土,想去洒下一腔热血、打拼出一番天地,即便自己都不知道自己行不行。

在那个时候,我的目标是必须考上一所让自己满意的大学。而上海交通大学名师云集、法律与工科跨界,它成了我的首选。

选择在上海交通大学读法律硕士,可以说是我人生中第一次真正通过独立思考和判断而作出的正确决定,不仅将我从延安、威海带了出来,而且将我带到了一个世界金融中心——上海。

自信的高低跟竞争的维度是有关系的。为什么说人要让自己从不那么自信的维度进入自信的维度呢?其实,在我们最初的生长环境中,竞争是有维度的,越是落后的地方,竞争的维度越低。环境使然,即便你是在低维度竞争环境下的佼佼者,你也无法想象换一个环境之后,自己能否适应高维度竞争环境。

选择一个升级跨界的平台,最有说服力的一句话就是:那些拥有聪明才智的人才可以进入这里继续激荡,哪怕只是仅仅来过,已经与众不同。(Some of the country's brightest are educated here. You just feel special by coming here.)上海交通大学法学院对于我来说是一次跨界升级。我也经常对年轻的助理说,人生中重要的选择是升级跨界而不是降级求稳。

我的第二次选择就是进入德恒从事律师职业。我从实习生、助理、律师一直到合伙人,十多年间,没有离开过德恒。一方面源于我对律师职业执着的追求,另一方面在于我当时正确的选择。

读研期间,我当过班长、党支部书记,那个时候,我对从政是有兴趣的,也有幸在某一学期暑假在政府挂职锻炼了一个多月,这段经历让我决定放弃从政的念头。但是,那个时候,我对自己将来做什么工作产生了迷茫。对律师行业不熟悉,也没有在律所实习过,根本不知道自己是否适合做律师。在金融危机的档口,人生面临着重大抉择。在当时的困难境地中,遇到过很多机会,律师于我或许并不是一个最好的选择。

但是,人总是要有追求的,哪怕是食不果腹,否则来上海干什么呢?

我刚刚进入德恒这样的大所时,心情是特别激动的。我想合伙人当时到底看上我哪一点?当时我的简历对于从事律师这一行业实在找不到任何亮点,既没有律所实习的经验,又没有金融法律的专业背景。我想最重要的还是上海交通大学这个平台,和我从事过班长、党支部书记的基本做事功力,再加上我那憨厚一点的长相吧。

我刚做实习生的时候,对于律师业务基本什么也不懂。我记得当时合伙人让我起草一份律师尽职调查清单,那个时候摸不着头脑,也没见过律师尽职调查清单长什么样,手忙脚乱地找资深实习同学咨询、上网查找,一晚上也没倒腾出来一个像样的清单。大概合伙人也觉得我的潜力不够,既没有金融证券的基础,也不够突出。但是,有一点,我很努力,每天我来得最早,走得最晚。这一坚持就是很多年,直到我做合伙人。

最让我的同学们记忆深刻的事情,大概是某个周末,我和同学刚坐上饭桌准备好好犒劳自己的时候,合伙人的电话响了,接到紧急任务,我放下筷子就跑回去加班了。并不是说这个任务急到来不及吃几口饭,而是我需要更多的时间打磨自己交给合伙人的产品。

有好几次,我请同学们吃饭,都因为项目临时有事,请客的没去,客人们自己招呼自己,吃完走人。这大概是我做的唯一不靠谱的事情了,好在同学们从来都把我当作自己人,也就习惯了。

第四篇　法律之外，成长的印记

一、我手写我口

被誉为近代中国走向世界第一人的黄遵宪先生有一句脍炙人口的名言："我手写我口，古岂能拘牵！"

黄先生的话读来特别接地气，既要活在当下，又要跳出世俗看世界。文章练达，既要有天赋，也要有我手写我口的魄力，而这种魄力来自对底层生活的体验。没有经历过艰难困苦，没有鹰眼般的洞察、狼一般的坚韧，何以做到我手写我口？

在我年轻的岁月中，我写下了这些心底的话：

"人是一种奇怪的动物，容不得别人批判自己，但是时刻需要知心朋友的鞭挞。"

"文学可以是一个人感情的自然流露，可以是一个热烈的场景，就像你在傍晚看见一对情人约会一样，你的内心总是激起无数的浪花。"

"荡涤心底的音乐和诗歌，能够搅动我们的灵魂，我们会像羔羊遇见了青草般扑上去。"

"每个人生来都是诗人，无论你多么讨厌诗，呱呱坠地后那一声美妙的啼哭，那是你为父母带来最动听的一首赞美诗。"

"不要为我们在历史的长河中没有留下厚重的脚印而遗憾，哪怕是一块铺垫历史的青砖，也要等待千年、万年后的瞻仰。"

"金灿灿的黄土地饱含着多少汗水与梦想！不去耕耘，怎么知道生活的不易。"

"我们像农民一样思维，却没有农民那种淳朴、善良。"

"什么是思想，它像熟透的果子，忍不住想啃它一口。"

"我为她写下厚厚的文字，只有她可以穿透厚重的历史，在敦煌的莫高窟看我留在大漠中的倒影。"

"什么是公民精神？平等参与，服从秩序，自由批判，不扰他人。"

"律师是房子庭院中最后一道篱笆。"

"正义是世界的本原。"

二、人生断想：我的星空，我的轨道

你有你的计划，我有我的计划，世界另有计划。一个时代有一个时代的印记，我们正从文明走向混沌。我是那颗在夜空中漂流很久的星星，循着法律的印记，追寻到了一个属于自己的轨道。

星空很大，但归根结底是属于年轻人的。我们在宇宙中只是瞬间的存在，没有人知道主宰命运的车轮是怎样行驶的。但是，归根结底，人是可以改变自己运行轨道的。

高考就是星空中的跷跷板，将星球上的人分为两种：一种是上了大学的人，一种是没有上大学的人。上了大学的人又分为两种：一种是卓异的人，一种是平庸的人。卓异的人是那些我们已知的星球，平庸的人是璀璨星空中的小星星。

身处茫茫人海中的平庸人有一颗躁动的心，要成为那个卓异的人！但是，现实很残酷，世界是按照普通人之生存规则的轨道运行的。

张爱玲说："出名要趁早呀，来得太晚，快乐也不那么痛快。"张爱玲女士是一名深度体验社会的作家，认为要想成为卓异的人，需要趁早。她还说过："你年轻吗？不要紧，过两年就老了，这里最不缺青春了。"如果你还不抓住青春的尾巴努力一把，那么"到中年的男人，时常会觉得孤独，因为他一睁开眼睛，周围都是要依靠他的人，却没有他可以依靠的人"。这是多么深刻的领悟。其实，那些卓异的人每天都比平庸的人更努力。她还说过一句话："笑全世界便与你同笑，哭你便独自哭。"喜欢就好，开心就好，愿你走遍万水千山，觉得人间值得，否则，人生多么没有意义。

每个时代都会惩罚两种人：观望者和不肯改变的人。人是社会人，圈子的高度影响自己的高度，"孟母三迁"的典故深刻影响着人类家庭社会"母系领导力"培养下代人的行为准则。那些卓异的人，观察他们的成长环境、他们的大学、他们的师友、他们的社会圈子、他们所处的平台、他们所处环境等，你会发现，他们有一个共同的特点：他们的成功是一以贯之的，他们善于借助一切周围的力量，让马太效应发挥到极致，他们比我们更加努力。

时光冉冉，但是时刻在提醒我们，也在时刻印证那句话："机会是留给有准备的人的。"且行且琢磨。

三、写在旅途中

人是需要一点念想的，随大流每一个人都可以做到，在茫茫人海中，我们只是其中的一个微不足道的小分子。

对于我们这些劳力者来说，实力决定人生的高度。当然，运气也是实力的重要一部分。所谓天时地利人和，努力了不一定得到，但不努力肯定得不到。

如果非要把一个人短暂的成功，归结于运气好，那还得看他的容器够不够大。英雄落幕，眼看他起高楼，眼看他宴宾客，眼看他楼塌了。

很多人都想过突破普通、平常的生活，世界这么大，我想去看看。但是，一蓑烟雨任平生！那是诗人的理想，不是我们平常人的念想。

人生来就是奋斗者，有人折戟，有人成功，无论身处何地，都要有一个鲜活的体魄、独立的灵魂。

一个人如果想做一点事，就必须远离那种人云亦云者、自暴自弃者、攀比炫耀者。做事的人和享受生活的人完全是两个世界的人，不是说会做事的人不会享受生活，而是古今中外成大事者兼如此类。

人可以努力干活的时间并不长，不要觉得褚时健七十多岁创业都不觉得晚，那是人家少年努力过，人家的容器足够大。

人有的时候可能突然开窍了，然后一步一步地努力达到成功。我出生在陕北一个非常普通的农村，20世纪八九十年代还是贫瘠落后的地方。我的童年、少年都是在窑洞、村庄，阡陌交通，鸡犬相闻、牛羊成群的地方度过的，那是一段纯真而美好的记忆，不知道外面的世界是怎样的，但知道饿是什么眼神，知道穷是什么滋味。

我记得最吸引我，也是对年少的我产生巨大影响的，就是我上小学的时候从表姐那里借来的一本破旧的《上下五千年》。就在那个懵懂的少年时期，项羽、韩信、张良、霍去病、苏武、张骞……

让我在心里种下了建功立业的念想,这一次的开窍,使我无论在什么样的境地,都保持一种乐观而向上的心态,多年来依然如此,实在而不张扬。

生活在那片白天灰头垢面、晚上群星璀璨的黄土地上,有一种天然的乐得其所的感觉。这里有蓝得让人下跪的天,也有一刮就是十天半个月的大风。

当然,我也是幸运的,至少还有路遥的《平凡的世界》、陈忠实的《白鹿原》这些精神食粮可以慰藉。

渴望成功就像小的时候渴望吃上一个白面馒头一样,虽然当时没有,但是知道将来一定会吃到,而且想吃多少有多少。

关于选择,得看所处的环境。我自己的道路从小到大都是自己选择的。其实,有人帮助、指点,一旦开窍,可能如虎添翼,但也可能受周遭优越的环境的影响而碌碌无为。

一路上,只争朝夕,磕磕绊绊,当初选择律师这个职业,也没有想到自己会走多远。但是,确实是做律师以后才知道自己有多喜欢这份职业,然后横下一条心,不论有多艰难都没有动摇和退缩过。

那个时候,对自己从事律师行业的决心就像上海的房价噌噌地往上涨一样坚定。从事律师这个行当后,就再也没有读过多少书,想来是多么不容易,感觉自己那点文化知识还是停留在中学时代。

我一直记得,德国法学家拉德布鲁赫说过,很多诗人是法学院逃逸的学生。没错,歌德、席勒、海涅、卡夫卡、泰戈尔、徐志摩、海子……他们都是从法学院逃逸出来的杰出诗人,在他们自己的年代,踩下了厚重的脚印。

当需要慢的时候,是需要慢下来的,想想自己还是不是有冲劲儿,还能不能活蹦乱跳。

写一点东西，安慰下自己的心灵。路在远方，就像旅途，心情愉悦，充满期待，辛苦但也放松。

四、Engineering Design Future

相比北大、清华、复旦、交大的校园，麻省理工学院（MIT）的校园小了很多。但是，当我们身处这家世界顶级的理工学院时，处处都能感受到：那些拥有聪明才智的人才可以进入这里继续激荡，哪怕只是仅仅来过，已经与众不同。（Some of the country's brightest are educated here. You just feel special by coming here.）

这里的学生和老师都有着改变世界的情怀和实践，激情、研究、创新、皆为世界更美好（Research for a better world, Passion for a better world, Innovation for a better world.）。

麻省理工学院的美籍华人俞久平教授给复旦高级工商管理硕士（EMBA）同学讲述了他 Engineering Design Future 的体会，令我印象深刻。他从小跟随父母从上海到香港，然后辗转到美国，靠的是勤劳、智慧进入麻省理工学院，令人赞叹的是他们兄妹三人都进入了麻省理工学院，创造了华人在麻省理工学院的奇迹。更传奇的是他的四个子女，有三个在麻省理工学院，这是一个流淌着"麻省理工学院血统"的家族。他特意强调麻省理工学院任人唯贤（Meritocracy）的用人制度，没有特例（Exception）。因此，虽然他小女儿的智商也很高，但就是差了那么一丁点儿，她最终与麻省理工学院擦肩而过，尽管他的父亲是麻省理工学院著名的教授。

在麻省理工学院的历史上，高智商是唯一的门槛，没有人能够因为社会地位而可以越过这个门槛进入这所学府，甚至是获得一个荣誉学位，这就是麻省理工学院，挑战权威，不畏权力。

麻省理工学院的创新性影响遍及全世界，离不开这所大学的工程设计方法的思维范式，在工程设计领域，所有的假定都应当受到挑战，一切的创新都应当有工程限制的思考范式，允许试错，允许犯错，迭代进步。

俞教授还给我们讲了他的一个切身体会：他刚到麻省理工学院读本科的时候，第一次使用计算机，那个时候的计算机很庞大，也很贵，使用的时候都特别小心。他发现这个计算机不允许输入负数，他想不明白为什么，但是又不好意思问老师，就自己试着输入负数，看看是什么结果，这一试，吓坏了他，计算机坏（down）掉了，事情搞大了。原本以为教授会狠狠地教训他，要求他赔偿或者拿掉他的奖学金，但是事情却出乎所有同学的预料，教授兴奋地说：太棒啦！你上来给大家讲讲是怎么把计算机 down 掉的，你很了不起，你发现了计算机的漏洞（bug）！为此，他这门课提前拿到了 A。这件事情过后，很多同学都在绞尽脑汁研究如何 down 掉计算机，因为这样可以提前拿到 A。

麻省理工学院的文化中深深根植这种挑战权威的文化，俞教授再次给我们分享了他儿子在麻省理工学院的学习经历。他儿子的老师是麻省理工学院物理学教授，获得过诺贝尔奖，按照传统的思维，老师拿了诺奖，学生应当努力向他学习，站在巨人的肩膀上前行。可是他儿子并不是这样想的，回到家里很苦恼，他在想如何才能找到一个难住诺贝尔奖老师的问题。

这就是麻省理工学院，告诉你所有的假定和权威都可以被挑战，教你如何通过挑战权威进行创新。

麻省理工学院的博物馆用于展示学生创作的作品，这些作品来源于学生的创新，其中很多并不适用于工业，但是这些精密的机械和巧妙的设计正是麻省理工学院创新的源泉。

麻省理工学院培养学生创新的基因无处不在，就连校园的垃圾桶也是学生发明的可压缩垃圾桶，扔进去的垃圾可以自动被压缩，方便存储和处置；校园里面摆放的座椅都有充电装置。真是让人完全不能自已地叹服这些学生的创新能力。

麻省理工学院在人类现代文明史上有着大量的重大革命性的发明创造，大到雷达、导航、人类 DNA 图谱，小到罐头汤这种我们日常饮食的储存方法，不一而足。麻省理工学院的实验室相比国内很多大学，简直就是一个杂货铺，什么东西都有，横七竖八、毫无章法地摆放。但是这里的杂乱却是创新的源泉，处处向我们展示着不同学科的交叉、合作和创新的无拘无束。在这里，任何学生都可以将自己的想法付诸实践，而不需要过多地考虑浪费。

为此，俞教授认为，工业制造领域的创新有一套工程设计的思维范式。Engineering Design Future，其核心原则是工程设计限制思维，这就是牺牲准确性来获得效率和灵活性。一项发明创造或者解决问题的范式，大多数情形是在一定限制范围内才能够快速成功并运用到实践中，不存在完美的东西。商业领域的创新也一样，需要借鉴一定的工程设计限制思维，否则市场机会稍纵即逝。

查尔斯河畔的空气舒适无比，每天清晨我们都会去跑步，让思维更加清晰，思辨中的学习也更加真切。我们常常需要冷静地反思，企业在发展过程中，往往追求开发一个完美的产品，占领市场制高点，但是又往往事与愿违。产品有生命周期，市场有生命周期，有时候残缺也是一种完美，比如断臂的维纳斯。创新需要有工程设计思维，那就是牺牲完美……

五、管理始于自修，自强于加持

企业家们都是在茫茫大海中独行的航海家，借助"千帆意发，百舸争流"的东风驶向大洋彼岸。

对狮城的印象，大概始于那个曾经牵动过年少的我无限憧憬的国际大专辩论赛，舌战狮城的场景总让我有一种感觉：母语才是这个世界上最有魅力的语言。

安泰之肇创始于南洋公学，与新加坡有着天然的连理关系。上海交通大学立学之根乃"自强首在储才，储才必先兴学"。新加坡作为新兴崛起的亚洲四小龙之一，有着其天然的华人管理创新之经验，陈嘉庚、李光耀、李光前等先贤既是实业家亦多是政治精英。

管理之博学，非庙堂以求之。失败的企业家都是相似的，成功的企业家却各有各的不同。当东方管理之道遇上西方管理学将是怎样的场景？工商管理博士（DBA）们自信地展示今天的中国，企业家们正在改变着庙堂中高深的理论知识。

我在想，读工商管理博士的同学大抵都是比较成功的企业家了。当然，我比较赞同福耀玻璃创始人曹德旺的判断，那些赚点钱就移民海外的只能称之为老板，不能称之为企业家。

我们为什么要读工商管理博士？让一群企业家聚在一起潜心攻读管理学博士本身就是一件极不容易的事情，工商管理博士班里的学霸，就像一条鲶鱼，搅动着水池里的企业家博士们。

课堂上多数的激烈讨论，并不是对教授理论的挑战，而是关于经营企业的过程中所遇到的困境。企业家都是个性和棱角突出的，否则何以指挥千军万马？"大学之道，在明明德，在亲民，在止于至善。"读工商管理博士的同学们再次走进课堂,大抵也是在明明德,止于至善吧。

企业家在一起上课,是一个照镜子的过程。大家都是从"妖怪"修炼成"神"的,彼此在同学中照一照,"妖魔鬼怪"都现身了。管理之道,在于自修,在于同学们相互照镜子,相互加持,让灵魂往上走。

狮城上课,活泼而紧凑。活泼的是我们这些同学身上都带着幽默的细胞,企业家大概都具备这种能力,总是能把搞得企业家们晕头转向的数据建模转化为畅谈中国企业的通史。如果真要开设一门中国企业通史课程,他们每个人都可以讲出一点道理来,反正历史总是成功者的墓志铭。

紧凑其实也是辛苦的另一面,本想着借学习的机会放空下自己,哪里想,管理企业和读博士都是一个劳心的过程。企业家们最大的问题是,成功让他们生活在自我的世界中。而知识和技能是时代的产物,永无止境,不够用是正常的,企业家们需要改变,需要擦出火花。卓异的人碰撞在一起,总是能够激起一堆火花。

在新加坡管理大学的夜晚,少不了烧烤、啤酒和美女博士们畅谈人生几何,有故事的人,往往都是在这样简陋的路边摊诉说自己的故事。企业家们都是能经得起多大的赞美就能扛得住多大的诋毁的群体,他们乐此不疲,无所畏惧。

最难忘也是最痛苦的,肯定是企业家们像小学生一样认真地准备作业,熬夜看很多论文(paper)。印象最深刻的是,大家非常严肃地讨论企业社会责任(CSR),这大概是这一代企业家们最需要的。我想起了海子的诗:"从明天起,关心粮食和蔬菜。"(海子,《面朝大海,春暖花开》)

哲人说："最长的莫过于时间，因为它永远无穷尽；最短的也莫过于时间，因为我们所有的计划都来不及完成。"

聊以慰藉，安之若泰。

六、不为功利所累，为生命的成长确定方向

2020，岁在庚子，群贤毕至，少长咸集。天朗气清，惠风和畅。此地有大师大楼，足以畅叙幽情。

在确定与不确定的变幻莫测的时代（VUCA 时代），我们迎来了上海交通大学凯原法学院校友会的成立。

"礼义之始，在于正容体、齐颜色、顺辞令。"（《礼记·冠义》）在上海交通大学（以下简称"交大"）校领导和凯原法学院院领导、老师及各界校友们的关心和努力下，凯原法学院校友会在交大法律人的殷切期盼中成立。

今日之法学圣地，始于南洋公学政治特班，以培养律政才识享誉海外。

今天，我们交大法律人，再次相聚在浦江之滨，百感交集。我们像法律人一样思考的思维方式和做事标准是在凯原法学院得以启迪和开悟的。

我们的法学教授，东西交融，正谊明道，始终是我们前进的灯塔。我们的学子内心铭记着"夫仁人者，正其谊不谋其利，明其道不计其功"（《汉书·董仲舒传》）的底线正义。

如今，我们的校友走向世界，扎根华夏，而法学院是他们心心念念的地方。在法治的道路上，处处长满篱笆，法律人是一群在漫漫黑夜中赶路的人，恐惧、诱惑、陷阱、真理和地狱一墙之隔。

今天，我们交大法律人有了自己的家，彼此关怀，常常走动，凝聚在正谊明道的愿景下，不再孤独，不再漂泊。

我们的法学院校友会要做出法律人自己的特点：

第一是"聚人气"，让法学院毕业的学长、学姐们回归初心，和我们聊聊法律职业中的千姿百态，激荡人生，让刚刚进入社会的学弟、学妹们找到奋斗的标尺。

第二是"链平台"，不仅要链接走向各行各业的法学院校友，还要链接交大校友的全球资源，让法律加持交大校友创新创业，实现资源共享。

第三是"互动学"，我们要为校友提供纵向、横向的互动学习机会，帮助年轻的校友少走弯路，跨越式成长。

第四是"养兴趣"，聚集人气，搭建平台，链接资源，互动学习，还要培养良好的兴趣爱好。

一个良好的愿望需要大家共同的参与，参与越多，收获越多。不仅要知行合一，还要行胜于言。借用张爱玲女士的三句话勉励大家：

第一句："你年轻吗？不要紧，过两年就老了，这里最不缺青春了。"

第二句："人到中年的男人，时常会觉得孤独，因为他一睁开眼睛，周围都是要依靠他的人，却没有他可以依靠的人。"

第三句："笑全世界便与你同笑，哭你便独自哭。"

校友会是我们共同的家，有参与也会有不同的声音，"异乎我者未必即非，而同乎我者未必即是；今日众人之所是未必即是，而众人之所非未必真非"（胡适）。

要参与也要合作，合作有三个层面：小合作要放下态度，彼此尊重！大合作要放下利益，彼此平衡！一辈子的合作要放下性格，彼此成就！

祝愿大家把自身的潜力发挥到极致，亦把自己的健康延长到极致。走遍万水千山，觉得做交大法律人值得。

七、一封家书

或许是使命的自然天性，或许是乡音厚土的使然，或许是陕北人的憨厚和曾经在延安大学奋斗岁月的锤炼，促得我很想写这封信。希望这是一束光，千万个光源的一束，在一个清晨，最先投入杨家岭的早晨。

2020年，注定是不平凡的一年，无论是平凡的人还是国家的首脑，面对新型冠状病毒的肆虐都是平等的，每一个人都不是一座孤岛。

2020年，习近平法治思想孕育而生。"以法为纲，崇法善治""法治是最好的营商环境""平等参与"成为我们这个时代的主旋律。

时光流逝，不知不觉，我已经从母校毕业十五载。2018年，在延安大学建校80周年之际，我们延大人迎来了习近平总书记题词冀望延安大学建成高水平、有特色大学的高光时刻。作为延安大学走出来的一个"螺丝钉"，我有幸见证了这一历史时刻，也有幸能够为政法学院的发展出一点绵薄之力，出资100万元设立奖学金，鼓励更多的延大人崇法善治，或扎根大西北，或走出去看世界，为法治而奋斗。

虽有心发力，但是力远光微。作为法律界的人士，我时刻关注着法律的事，关注着延安大学的发展，关注着延安大学政法学院法学事业的发展。

延安大学 1941 年 9 月 22 日成立伊始，法学院即是延安大学建校的三大学院之一，承载着中国共产党领导的第一所大学法治建设的重要使命。那时，被毛泽东主席称为"全国第一流的法学家"何思敬教授担任首任法学院院长。何思敬教授是中国共产党领导下新中国法学的奠基人，参与起草中华人民共和国第一部宪法，是新中国法律创始人之一。毛泽东称何思敬教授是"有正义感、有勇气、有学问"的人。

何思敬教授在延安大学担任法学院院长时期，撰写了许多高水平的法理和宪法方面的文章发表在《解放日报》上。在当时历史条件下，法治的萌芽是脆弱的，但是，我们不乏看到那个时候边区法治的进步，今天最高人民法院巡回法庭也在借鉴马锡五审判方式。

今日之中国，法学教育之执牛耳的中国人民大学和五院四系之一的西北政法大学的法学教育正是根植于 1941 年延安大学成立时的法学院。百尺竿头，更进一步。更有水平，就得更有特色。追寻延安大学的历史，追寻延安大学法学院的特殊使命和特色，21 世纪 20 年代，建设一个法治时代的延安大学法学院或许将成为法治进步的重要力量。

学生的使命才是一所大学的使命，学生的热爱才是一所大所的声誉……

八、眼见与自信

陕北人有很多特质，憨厚、实在、能吃苦、值得信赖。但是，他们的世界里总也离不开那片厚重的黄土地。

陕北的厚土，曾经承载着中国历史的命运，宝塔、窑洞和白羊肚手巾在很长的一段时间是这里的梦想与现实的写照。

我常常想，陕北山大沟深，不仅局限了脚下的路，也局限了我们的眼见。我在延安大学毕业之前就没有离开过这片黄土地，尽管知道外面的世界很精彩，但至于有多精彩，无法感知。

因此，当我读到校友路遥先生的写实文学《平凡的世界》的时候，就会有一种角色介入、深度演绎的感觉。陕北的娃，有几个没有过孙少平那般的经历。

我们习惯了这片黄土，我们甘于这种艰苦和奉献。艰难困苦的人生经历最终走向平凡，有些人走出去就和这里再没有联系；有些人传承祖辈，把青春和未来挥洒在这里。

我们在向这片黄土地索取的时候，随着时代的变迁，也承载了太多历史使命。《白鹿原》和《平凡的世界》是我们的精神食粮。但是，它有的是乡土气息和民族特性，缺少眼见和自信，我们也因此束缚了自己的手脚。

延安大学建校80周年之际，我以一个毕业12年的校友身份回到母校，感触最深的是这座陕北高原的最高学府和延安新城的变迁，一所学校和一座城市的变迁，反映了时代最鲜明的特色。

80年来，数不清的外地老师带着一种豪迈的心情，一批又一批地来到这里扎根，不畏条件艰苦，甘于奉献。

延安新城的变革，不得不说是一个了不起的创举，这种眼见和自信，完全跳出了这里的山沟沟，宽阔、平坦、现代味十足的延安新城打破了我们几千年的格局。

因此，我想到了传承，我想到了眼见和自信。

延安新城的这种推倒大山，上山建城的创举，也曾遇到过很多想象不到的困难，但是当眼见成为共识，自信成为信任的时候，才能出现眼前的新城景象。

陕北这十多年来变化非常大，这片黄土地虽然经历千年耕耘，贫瘠而沧桑，但是也给予了这里黑色的金子——石油和天然气。

能源不是取之不竭的，我们更需要眼见和自信，延安大学成立80周年之际，当年在延安梁家河吃过苦、和路遥先生一起创立《山花》的习近平总书记寄予我们一个新的期待：不忘初心，弘扬延安精神，更要勇于创新。

延安的创新，需要从观念、从眼见上着手，更需要一所大学的承载，建立自信。

12年前，我还是那个懵懂的、非常不自信的陕北娃，正是在延安大学这个熔炉里，我一步一个脚印，看到自己的这些短板，当然走出去后才发现这种短板、这种差距有多大。

回顾4年在延安大学的学习、生活，每天沐浴着杨家岭的晨光醒来，枕着延河水入睡，在这座城和这座大学，有过无比的惬意。但是，眼界和不自信却让我止步不前，不知道未来在哪里，不知道外面是什么样子，不知道外面会不会接纳自己这么"土"。

然而，倔强的我，在内心尝试着努力去改变自己，约上同学，穿梭于图书馆、自习室。

只有读对的书，才能有改变命运的机会。非常怀念在延安大学图书馆读的那些著作，让我知道了机会成本和资源配置的重要性，让我知道了陕甘宁边区高等法院曾经为中国法治所作出的贡献，我们今天的巡回法庭正是来源于当初的马锡五审判的实践。

我的眼界和自信正是在延安大学读书时慢慢建立起来的。成功没有捷径，唯有努力。我的父母都是农民，每天都是面朝黄土背朝天，我一路筚路蓝缕地走过来，从陕北的山沟走进延安大学，从延安大学走到沿海，进入上海交大法学院深造，然后一步一个脚印地选择做金融律师，而且在短短的不到10年时间，成为一名自认为还算很成功的律师。

很多时候，这不是简单地克服艰难困苦就可以做到的，除了陕北人这种憨厚、实在、踏实和值得信赖的性格和思维处事方式，最重要的是我对自己眼界的坚持和自信。

越努力，越成功。眼界越开阔，也会越自信。当然，始终要认识到我们和外面是有差距的。

陕北的发展离不开这里的能源，离不开延安大学这所高等学府培养出的许许多多的学子扎根这里。

返璞归真，这是教育的根本。陕北的经济发展依靠能源，但是能源带动了经济发展，经济发展没有反哺教育，这同样是眼见的问题。

我是一名律师，始终遵循内心世界对法治的信仰，这一次，恰逢母校延安大学八十华诞，我以个人名义设立了励志奖学金和教育基金，希望能够让我的学弟、学妹们建立自信，放眼世界。

人是需要一点念想的，随大流每个人都可以做到，虽然在茫茫人海中，我们只是其中的一个平凡人。

一个人如果想做一点事，就必须远离那种人云亦云者、自暴自弃者、攀比炫耀者，做事的人和享受生活的人完全是两个世界的人。

所以，我希望通过这样一个举动告诉大家，榜样就是实实在在，这个比奖学金本身更重要，更有意义；也希望推动我们陕北发展的各界人士重视教育、关心教育，其实我们很多人有能力改变这里，改变这里年轻人的眼见和自信。

你所做的远远比你想象的重要得多，有意义得多。

第五篇　法律之外，诗和远方

一、诗意世界，同气连枝

曾几何时，国人回归研读国学的"青山明月下"。一句"世界这么大，我想去看看"的离职信亦美得折煞一众后进。

国人多数时候是含蓄的。但是，面对灾难，何尝又不是众志成城，谁又曾忘却国人诗性的一面，所谓"性静情逸"方得"守真志满"。

（一）《诗经·秦风·无衣》之"岂曰无衣？与子同袍"

"岂曰无衣？与子同袍。王于兴师，修我戈矛。与子同仇！岂曰无衣？与子同泽。王于兴师，修我矛戟。与子偕作！岂曰无衣？与子同裳。王于兴师，修我甲兵。与子偕行！"

《诗经·秦风·无衣》似反问，似自责，行文流畅，一气呵成。诗经的文风和秦地民风浑然天成。史学家班固在《汉书·赵充国辛庆忌传》中称赞秦地："民俗修习战备，高上勇力，鞍马骑射。故秦诗曰：'王于兴师，修我甲兵，与子偕行。'其风声气俗自古而然，今之歌谣慷慨风流犹存焉。"理学大师朱熹在《诗集传》中称赞:"秦人之俗,大抵尚气概,先勇力,忘生轻死,故其见于诗如此。"

(二)《千字文》之"孔怀兄弟,同气连枝"

南朝周兴嗣奉梁武帝之命从王羲之书法中选取一千字,编纂成文,是为《千字文》。其中,"孔怀兄弟,同气连枝"即是《千字文》凝练古文精华所在。

"孔怀兄弟"出自《诗经·小雅·棠棣》,诗人用棠棣之花每三两朵彼此相依而生比兴兄弟感情,是兄弟之间非常关怀的意思。"同气连枝"出自南北朝颜之推《颜氏家训·兄弟篇》中"兄弟者,分形连气之人也"。

《千字文》是为启蒙之学,亦为后世书法大家书写而流传甚广。句句押韵,字字经典,文采飞扬。

"天地玄黄,宇宙洪荒。日月盈昃,辰宿列张。寒来暑往,秋收冬藏。闰余成岁,律吕调阳。云腾致雨,露结为霜。金生丽水,玉出昆冈。剑号巨阙,珠称夜光。果珍李柰,菜重芥姜。海咸河淡,鳞潜羽翔。龙师火帝,鸟官人皇。始制文字,乃服衣裳。推位让国,有虞陶唐。吊民伐罪,周发殷汤。坐朝问道,垂拱平章。爱育黎首,臣伏戎羌……"

(三)《旧题苏武诗/别诗四首·其一》之"四海皆兄弟,谁为行路人"

"骨肉缘枝叶,结交亦相因。四海皆兄弟,谁为行路人。况我连枝树,与子同一身。昔为鸳与鸯,今为参与辰。昔者常相近,邈若胡与秦。惟念当离别,恩情日以新。鹿鸣思野草,可以喻嘉宾。

我有一罇酒，欲以赠远人。愿子留斟酌，叙此平生亲。"

两汉时期的文风大抵承袭《诗经》的风格，这首送别诗中"四海皆兄弟，谁为行路人""况我连枝树，与子同一身""我有一罇酒，欲以赠远人""愿子留斟酌，叙此平生亲"亦为古今引用的名句。

（四）《赠白马王彪·并序》之"丈夫志四海，万里犹比邻"

三曹之一的曹植诗赋甚高，七步成诗之"煮豆燃豆萁，豆在釜中泣，本是同根生，相煎何太急"已成千古绝唱。但其最负盛名的是少年时写就的《白马篇》："少小去乡邑，扬声沙漠垂……捐躯赴国难，视死忽如归。"

曹植与其兄曹丕争储失败返回封地面对归途的"欲济川无梁""中途绝无轨""欲还绝无蹊"之凄凉，仍然有着宽阔的境界，笔锋一转"丈夫志四海，万里犹比邻"。

（五）《赠范晔诗》之"江南无所有，聊赠一枝春"

"折花逢驿使，寄与陇头人。江南无所有，聊赠一枝春。"

诗人陆凯与友人远离千里，难以聚首，只能凭驿使来往互递问候。古人把梅花喻作春天，宋代林逋的《咏梅》之"疏影横斜水清浅，暗香浮动月黄昏"就是对江南梅花的赞誉。可见，江南不是一无所有，我把代表江南春天最高品格的梅花送给你。

（六）《萤火赋》之"响必应之与同声，道固从之于同类"

骆宾王7岁赋诗《咏鹅》，成为国人学诗词的启蒙之作。"响必应之与同声，道固从之于同类"出自《萤火赋》之"物有感而情动，迹或均而心异。响必应之于同声，道固从之于同类"。意思是发出呼吁必然得到响应和共鸣，事业当然就能顺利发展，所有人就能打成一片，志同道合。

骆宾王才惊武则天的典故记载在《新唐书·列传·卷一百二十六》中："后读，但嘻笑，至'一抔之土未干，六尺之孤安在'，矍然曰：'谁为之？'或以宾王对，后曰：'宰相安得失此人！'"

《讨武氏檄》之"班声动而北风起，剑气冲而南斗平，暗呜则山岳崩颓，叱咤则风云变色。以此制敌，何敌不摧？以此图功，何功不克？……请看今日之域中，竟是谁家之天下！"慷慨激昂，气吞山河。

（七）《送柴侍御》之"青山一道同云雨，明月何曾是两乡"

"沅水通波接武冈，送君不觉有离伤。青山一道同云雨，明月何曾是两乡。"

七绝圣手王昌龄擅送别诗，无从考究柴侍御和王昌龄的关系，但是诗意如此绝妙：青山相连，云雨相同，我们一路共沐风雨，同顶一轮明月，很难想象我们身处两个不同的地方。

（八）《芙蓉楼送辛渐》之"一片冰心在玉壶"

"寒雨连江夜入吴，平明送客楚山孤。洛阳亲友如相问，一片冰心在玉壶。"

这首诗是王昌龄送别诗的又一佳作，寒雨连江与一片冰心相照，亲友之间的关怀如玉壶一样纯洁。

（九）《龙标野宴》之"春酒相携就竹丛""青山明月不曾空"

"沅溪夏晚足凉风，春酒相携就竹丛。莫道弦歌愁远谪，青山明月不曾空。"

这首诗描述了王昌龄被贬之后的一次放松：趁着凉风，带着美酒，相约竹林，青山、明月什么时候为我们的友谊而空缺过呢？

（十）《闻王昌龄左迁龙标遥有此寄》之"我寄愁心与明月，随君直到夜郎西"

"杨花落尽子规啼，闻道龙标过五溪。我寄愁心与明月，随君直到夜郎西。"

诗仙李白亦是送别诗的执牛耳者。王昌龄虽然写诗送别友人，但是自己何尝不是送别对象，友人李白就给他写了这首诗：我把我们的友谊相思寄托给明月，希望能随着风一直陪着你到夜郎以西。

（十一）《赤壁歌送别》之"一一书来报故人，我欲因之壮心魄"

"二龙争战决雌雄，赤壁楼船扫地空。烈火张天照云海，周瑜于此破曹公。君去沧江望澄碧，鲸鲵唐突留馀迹。一一书来报故人，我欲因之壮心魄。"

这首诗是诗仙李白另外一篇送别诗的名作。李白此次送别之人是一个抱负远大的人物，所以希望友人能够以书信传报，鼓舞诗仙的胆魄。

（十二）《送杜少府之任蜀州》之"海内存知己，天涯若比邻"

"城阙辅三秦，风烟望五津。与君离别意，同是宦游人。海内存知己,天涯若比邻。无为在歧路,儿女共沾巾。"

此诗是唐初四杰王勃的送别诗杰作。只要同在四海之内,就是天涯海角也如同近在邻居一样,一秦一蜀又算得了什么呢?

(十三)《送韦城李少府》之"相知无远近,万里尚为邻"

"送客南昌尉,离亭西候春。野花看欲尽,林鸟听犹新。别酒青门路,归轩白马津。相知无远近,万里尚为邻。"

张九龄是唐朝开元之治著名诗人,其脍炙人口的名句如:"海上生明月,天涯共此时。""草木有本心,何求美人折!"

送别路上,醉美的野花尽收眼底,林中的鸟儿鸣叫听起来感觉更加清新,心情放松。

(十四)《答张彻》之"肝胆一古剑,波涛两浮萍"

《史记·淮阴侯列传》:"臣愿披腹心,输肝胆,效愚计,恐足下不能用也。"

唐宋八大家之首韩愈,以其名篇《师说》流传千古,太上立德,其次立功,最下立言。《容斋随笔·卷八·论韩公文》记载,刘禹锡称其为"高山无穷,太华削成。人文无穷,夫子挺生"。

这句诗的意境是,我们像波涛中的浮萍一样,仕途坎坷,但是我们的友谊不仅像古人说的"肝胆相照",更像一把古剑,刚正不阿,光明磊落。

(十五)《立春日感怀》之"一寸丹心图报国,两行清泪为思亲"

"年去年来白发新,匆匆马上又逢春。关河底事空留客?岁月无情不贷人。一寸丹心图报国,两行清泪为思亲。孤怀激烈难消遣,漫把金盘簇五辛。"

于谦与岳飞、张煌言并称"西湖三杰"。除了"一寸丹心图报国,两行清泪为思亲"留世外,名句"粉骨碎身浑不怕,要留清白在人间""书卷多情似故人,晨昏忧乐每相亲。眼前直下三千字,胸次全无一点尘"亦是其所作名句。

二、故乡的土

> 边塞长城金不换
> 无定河边马长啸
> 黄河九曲信天游
> 窑洞蟠龙气概华

万里长城第一台"镇北台"

三、统万城

十万匈奴十万兵
糯米黄土统万城
白城银雪羊塞道
不见当年狼烟起

大夏国国都"统万城"

四、龙洲丹霞

四野黄土过龙洲
山掩赤丹水映川
疾风作画写苍穹
一线阳光一线天

第五篇 法律之外，诗和远方

靖边波浪谷之一线天

五、青春恰自来

汪国真在《热爱生命》中说:"我不去想是否能够成功,既然选择了远方,便只顾风雨兼程。"

诗人的世界和我们普通人的世界始终不是一个维度,但是他们总是能够用简单的几句话触及我们的心底,让我们的心在某些特定的逆境中沸腾起来。

一个人如果能够做到不被周围的环境所左右,那他离成功就不远了。诗人海子终究没有摆脱这样的境地,但是他留给了我们这个时代最为期待的一种生活:"从明天起,做一个幸福的人;喂马、劈柴,周游世界;从明天起,关心粮食和蔬菜。"(海子,《面朝大海,春暖花开》)

相比于任何一个时代,我们是幸运的,也是幸福的。但是,我们却无法做到脱离周围的环境,说走就走,喂马、劈柴、周游世界;我们也无法做到只关心粮食和蔬菜。因为,我们的世界就是一片忙碌。

中国的春节给了我们思考的机会,意识到,又长了一岁,要注意身体的变化;意识到,世界那么大,我想去看看;意识到,我们需要关心粮食和蔬菜;等等。

芳华在流淌,岁月在轮回,无问西东。这是我们这代人的真实写照,当然其实也是每一代人的写照。一千多年前的诗人李商隐也曾和我们有一样的思考:"锦瑟无端五十弦,一弦一柱思华年。庄生晓梦迷蝴蝶,望帝春心托杜鹃。沧海月明珠有泪,蓝田日暖玉生烟。此情可待成追忆,只是当时已惘然。"(李商隐,《锦瑟》)

诗人李商隐的这种感觉与我们看见那英和王菲合唱《岁月》是一样的。每个时代有每个时代的芳华，每个时代的人都有自己的岁月。

电影《芳华》和《无问西东》都是那个时代的追忆，探究人性的真、善、美、丑。触及心底的东西，往往会将我们心中那一点点美好的念想打碎。但是，一个时代的落幕，至少我们没有经历过的人们，总是能够感觉到某种触动。好的时代，好的制度，至少我们还可以选择自己折腾自己，而那个年代，很多人没有选择的机会。时代曾经抛弃过我们的爸爸妈妈、爷爷奶奶，但是他们没有抛弃生活，没有抛弃儿孙满堂，没有抛弃光宗耀祖。

我们生活在一个才华撑不起梦想的时代，不敢折腾，而那些成功的人，都是能折腾的人。折腾是常有的事，要么折腾成功，要么折腾死。

最近看到一首小诗（袁枚，《苔》），古人的诗总是能触及我们的心底：

"白日不到处，青春恰自来。苔花如米小，也学牡丹开。"

这个袁枚，真是看透了我们普通人的心思。我们的人生经历，不就是白日不到处吗？但是，幸福都是奋斗出来的，"青春恰自来"就是这样的自信。

再小的个体也有梦想，即便那些如米一样小的苔花，也会学着像牡丹一样开出有气质的自己。

莎士比亚都说："凡是过往，皆为序章。"（what's past is prologue，出自戏剧《暴风雨》）大幕正在缓缓拉开，芳华正在流淌。

于斯人也，立德立言，无问西东。凡是过往，皆为序章；芳华流淌，无问西东。

六、江 南

提起江南,想到"姑苏城外寒山寺",想到"烟花三月下扬州",想到风流倜傥的四大才子,想到犹抱琵琶半遮面的秦淮河,想到佳人相伴的西子湖畔……处处一片繁荣富庶的景象。

有时候那就是一个梦,只有在梦中他们才是最美的。喜欢小巧,喜欢细腻,喜欢江南古镇的干净利索。多少文人墨客,多少风尘女子,消逝在一弯明月、晨雾暮霭中。

喜欢江南的味道,喜欢小桥、流水、人家。北方人的大大咧咧在这里宛若处子,乖巧了许多。在这里需要静静地行走,明眸善睐的眼神和天马行空的思考。不必关注旁人是怎么看你的,你只需要集中一切神经末梢,你可以欣赏江南女子的婉约,也可以旁若无人地宛若某个朝代的皇帝微服下江南。

诗人的江南,是一个梦境,又到江南古镇,逢着一个寻梦的姑娘,划着小船,遍游江南。她的身段倒映在漂荡的湖水上,就像书上看到的山水画,婉约而动人。

我多想撑一支桨,俨然是江南的主人,挽着寻梦的姑娘,穿过热闹的小巷。这一夜,我不断地穿过江南小镇的琉璃瓦房,红漆大门。她仿佛一直在我身边,若隐若现,那是一种离开喧闹城市后新鲜的、意犹未尽的梦境。

梦醒了,迷失了撑着油纸伞的姑娘。在我的心中,江南永远是那座古镇;那片热闹、华灯初上,诗韵犹存的水乡。

七、乡间的声响

那里有淳朴的民风，厚重的土地，雄壮的窑洞，蓝得让人下跪的天，醉人的大山。土长城如蛟龙盘旋而过，还有那幽远、粗犷、豪放的民歌，永远听不够。

我是一个民歌爱好者，对于民歌有着说不清的情结，尤其是陕北民歌。虽然现在很少有人喜欢民歌，但是朋友都喜欢听我唱陕北民歌，因为他们喜欢我唱歌的韵味，歌声中有着西北人独特的气质与内涵，也只有在唱民歌的时候，我感觉到我全部的力量都得到释放。

一方水土养一方人。当声音出来时，你会觉得这样的声音只应天上有。或许你第一次张大嘴不是因为惊讶，而是不相信自己的耳朵；或许你会真正体会到"余音绕梁，三日不绝"是一种什么样的境界；或许你不禁要问，是什么赐予了黄土高原这般歌喉，是什么养育了农民这般质朴的情怀。

《山丹丹花开红艳艳》《东方红》这些荡气回肠的歌是这里农民的交响乐；《三十里铺》《兰花花》《走西口》更是这里的汉子和女子以天地为舞台，在这黄天厚土里演绎的情与爱、执着与梦想。

热爱家乡、享受爱情生活，任何崇高而远大的理想最终都会回归到这两个主题上。这也是陕北民歌历经千年，经久不衰的原因所在。它是当之无愧的世界三大民歌之一（中国陕北民歌、俄罗斯民歌和美国黑人民歌被称为世界三大民歌），是中华瑰宝。

我喜欢在大山上唱一嗓子，让歌声在山中飘荡。那种感觉是独特的，是无法用语言描述的，就好像整个大山都是自己的，甚至会感觉整个世界都是属于自己的。

这里的民歌是属于自然的，属于劳动者的。在大山里，人们可以自由地表达爱情，表达对生活的向往，他们无所不唱，他们让整个山间都充满了灵气，充满了生活的气息。

在这里不仅有西北人独特的生活方式，独特的对大自然的表达方式，还有很多故事是那样让人陶醉。

千百年过去了，这里依然民风淳朴。这里是中国最后的民间，这里有中国最后的民歌。但是，我们的民间在消失，民歌的土壤被现代歌曲渐渐地吞没。

记得有一个外国朋友想在陕北乡间看看农夫赶毛驴车的情景，走了几个村庄也未能如愿。即便是像我这样从小生活在这片土地上的山里人，也很久没看到这样的场景了。每次回乡，我总是一个人一大早跑出去，看看自己家的果园，看看自己家的田地。这里阡陌交错，特别是秋天，地里冒着热气，一种蓬勃奋发的感觉油然而生。

我喜欢沿着土长城走一圈，这里是我儿时玩耍的地方。长城脚下现在已经很少住人了。长城一般是东西走向，南北坡多是枣树、杏树，几年前政府开始禁牧，所以已经看不到成群的山羊、听不到咩咩的叫声了，也听不到羊倌对着大山吼两嗓子的声音了。

我怀念乡间的声音，尤其是陕北村庄的声音。我希望这里的人民早日富起来，但是我也希望还能看到乡间的小路，还能听到乡间叮当作响的声音，还能听到那悠长粗犷的民歌。那是振聋发聩的声响，是动人心弦的声响，声声带韵，声声入耳，如美酒醇香醉人心脾。那是你和恋人从来没有过的另一种幸福，属于大山的，属于乡间的悠闲与自在的幸福。

我已经很少在乡间唱响民歌了，因为我的梦在乡间之外。但是，我愿意在其他任何地方唱响民歌,因为它属于全世界。

越是民族的,越是世界的。听它,离灵魂更近了;听它,离自己更近了。

八、秋　天

陕北的土地苍凉雄厚而又坚硬。陕北人有一种阳刚之气,以及高原人那种豁达、淳朴、坚韧、顽强的品质。无论是塞上古城榆林还是革命圣地延安,每一处都显示着陕北那特有的文化,宽厚而又深远。

陕北的秋天总是来得很早去得很晚,这是一个成熟的季节,大地有着无数的新鲜庄稼,天空中飘荡着时有时无的庄稼熟了的味道。当劳动与丰收的喜悦被黄土高坡那带有几分野性的风吹散时,人们似乎已经不耐烦季节的更替,秋天似乎要等待一场冬天的雪。

陕北的秋天过得很漫长,大漠的风呼呼地敲打着古老的城墙,似乎也在等待一场雪来埋藏。那飘荡的乌云都不知躲到哪里去了,天边只剩下几片惨淡的云笼罩着连绵起伏的黄土高原,那一轮红日给大地穿上金色的盛装。这个时候我喜欢看大雁一字排开在天边兜圈儿,它们总是那样训练有素,情意绵绵地向大地告别,它们的告别仪式庄重而又肃穆。

秋天,一个深思熟虑的季节,可我好像一直在等待一个漫天飞舞的大雪天。

记得小时候是那样贪玩儿,特别是秋收的时候,也是收割庄稼人手不够的时候,我们这些小鬼本来都可以当劳动力用的,但经常因为贪玩儿,晚上不敢回家,怕挨爸妈揍。后来懂事了,理解了爸妈的辛苦，如果弟弟贪玩儿了，晚上回来我便揍他们。现在很想念那时候的情景，秋天的成熟是不等人的，所以家家户户都在抢收。有时候爸爸妈妈就让我和弟弟请假回家，那时候很不情愿，因为少上课程后就跟不上了。我们的老师大部分都是过去初小毕业的老先生，虽然还算认真，但是只能让我们凑合着毕业。有时候他们会很有成就感地说自己教出了一个大学生，但我知道这是我自己奋斗的成果。我对他们在我记得的岁月只是作为扫除文盲的作用感到惋惜，但是我不能要求他们做得更多，对于那些读书不多，只是守着那里一亩三分地的教书先生我不能有太多的期待。感谢那些曾经教过我的老师和那个已经不复存在的小学，我时常能回想起那里的窑洞教室和一块刷了墨水做成的小黑板，还有一张可以坐六七个小屁孩的长桌，以及那些经常被淘气的小孩子搬来搬去的缺胳膊短腿的凳子。

秋天是成熟与感恩的季节，我不能为他们做什么，即便我在这里写了这么多，因为他们也看不到，他们和我可以说是在两个世界。

记得大学的时候，特喜欢看满山的枫叶飘落的场景，因为在那样的场景里我的思想是最活跃的，仿佛自己是一个诗人或者是大地的主人，总是毫不客气、挥洒自如地记录一些我的生活。

喜欢秋天，喜欢成熟的季节，喜欢收获的季节，什么时候能再回去帮爸妈一起秋收，美美地吃一顿？

九、在延安的日子

我从小生长在边塞榆林靖边，圣地延安就在边上。但是，对于我们这些从小生活在山沟里面的人，是没有机会去延安的。上大学前，延安是历史课本中抹不去的记忆。我的大学就是从延安开始的，延安第一次从历史课本中走进我的生活，第一次活生生地从一条狭长的河川中横在我的眼前。

延安是一座古老的城，她是新中国的缔造圣地，却因为地域的限制，始终处于贫困、落后的境地。我始终没有想明白，当年这个领导中国劳苦大众站起来的红色圣地，创造了那么多奇迹，为什么没有一丁点儿改变这里的文化。

一个国家的缔造者，多少热血青年挥洒了13年的土地，又过去多少个13年，这里的人还是老婆孩子热炕头，过得自然。

那些惊心动魄的年代，让我用4年的时间亲身感受。没有比较就没有进步，外面的人来这里参观学习，忆苦思甜，里面的人面朝黄土背朝天，管他外面如何变化，日子在"娶一房媳妇过个好光景"中适得其所地度过。

生活在一个地方，需要上进，但是也需要享受生活的乐趣。那个时候，宝塔山、杨家岭、枣园、王家坪成了我思索向上的乐趣所在。

延安大学坐落在杨家岭，杨家岭的早晨便是毛主席种菜的杨家岭的早晨，唯独延河水没有了往日的清澈和宁静。我的4年生活就是围绕着这座山、这条河，日日向上。

在延安的时候，我曾经听到一个故事：延安时期，一位女青年在一封家书中这样写道："爸爸、妈妈你们好！我在这里一切都好，延安的小米饭把我养胖了……"读来自然、亲切、感人至深。

每当回想起那段在延安的日子，我的感觉不是苦，而是信息的闭塞。信息的闭塞导致眼见、胆识、知识等一切上进的东西在这里都变得很难汲取到。一个人只有真正地走出去了，才能够体会到知识改变命运是一种什么滋味。

十、路遥和他的《平凡的世界》

马云说他读了路遥的小说《人生》后大开大悟,创立了阿里巴巴。

我所知道的作家路遥从《人生》走向《平凡的世界》是用生命诠释和完成的。他用自己的生命描述了一个寒门子弟在贫瘠的黄土高原的奋斗史。他用生命告诉我们,平凡的人都有奋斗的基因,只要你不甘于面对这贫瘠的土地,像牛一样劳动,像土地一样奉献。

他对文学的热爱是真挚的,文学是有生命力的。我和他一样,在黄土高原出生、长大,经历过那种无法用语言描述的困惑和艰苦,也都有过在延安大学求学的经历。因此,路遥是我的同乡、校友,他的《平凡的世界》里有他高大的身影,也有我平凡的影子。

大学里,每当霞光晚照的时候,邀三五好友,沿着文汇山的小路舒活一天学习的疲惫,畅谈生活和各种趣事。

北方的秋天是一个收获的季节,我喜欢踩在铺满梧桐叶的校园小路上思考,喜欢站在黄土高坡上屏气凝神地注视远处的麦田,也喜欢看田地里成堆的金黄色的玉米棒子。北方的野外,鹰击长空,秋高气爽,登高望远,总是给人一种胸怀开阔的感觉。北方的秋天成为我无法抹去的记忆,路遥的人生和他的著作一样给我留下了很多值得思索和为之奋斗的信念。他出生在陕北的一个贫穷的农村,从小经历了很多磨难,他把自己的经历、他对美好生活的向往、对爱情的期待写得活脱脱的。

我和路遥生活在同一片土地上,深知他对这片土地的情意,我曾经饱含深情的一口气读完他的小说《人生》与《平凡的世界》,也是在那个时候,我对文学更加渴望、对外面的世界更加渴望。

历史总是惊人的相似,我和他上了同一所大学。不同的是,他已经长眠于文汇山,日夜夜夜地守望着这座学校。

文汇山背靠杨家岭,俯瞰延河水,像一位慈祥的母亲怀抱着延安大学。延安大学背靠文汇山,六排窑洞巍然屹立在文汇山前,气势雄伟,当年路遥上学的时候就是住在六排窑洞中。

"山不在高,有仙则名。"因为路遥墓,文汇山成了延安大学年轻人几乎每天都会光顾的地方。

沿着文汇山下的青年公寓石阶盘旋而上,在一片野核桃和野枣树、野桃树掩映下,路遥墓如同世外桃源般豁然出现在这条小路的半山腰上,显得幽静、典雅而又肃穆。

路遥生前为了完成《平凡的世界》,忍受孤独,但是他留下的人生财富却给无数人指明了前进的道路。

我想路遥先生生前也没有想到他的著作会有这么大的影响力。此刻,他不再寂寞,每天都有很多人默默地来陪伴他,他墓碑后的墙上的墓志铭激励着来这里瞻仰的每一个人。

这就是路遥墓,有宁静,也有热闹。虽比不上帝王将相的宗庙,但是这里有一种境界,青山掩映,铁骨铮铮。

十一、折一枝柳,养一弯碧波

在唐朝的书院

嗅到诗人的洒脱

在江南的水乡

折一枝柳

养一弯碧波

你像出塞的昭君
一种冷峻的美
穿透我的脊骨
出现在历史课本中

十二、山　花

如果爱情是玫瑰雕琢的
我宁愿要山间的花
背着草鞋
翻山越岭
为你采一束崖畔上的花
我是云
云的梦想是把世界清洗
羊群和白云赛跑的大山
羞答答的扎着麻花辫的姑娘
双手呵，不知搁哪儿
怎也掩饰不住你那青春的韵味
红扑扑的脸蛋越发透出妙龄少女的气息
我愿守候在这荒芜的山岗
等待你那一低头的温柔
傍晚我点起篝火
与大山一起为你歌唱

十三、折一支口哨，吹响春天的序曲

儿时的我，多么希望有辆单车

哼着小调，听着麻雀的叽叽喳喳

爬上柳树，折一支口哨

吹响春天的序曲

儿时的我，多么希望有一辆单车

车后有一个宽宽的座椅

带着你穿过校园的每一条小道

花季、雨季

消逝在泥泞的校园

那绿油油的草坪下

藏着我支离破碎的梦

青春，伸手抓不住

年少的我，骑着单车

打着铃铛

偶尔

吹着口哨

寻找梦里

古色古香的江南小镇

我，惆怅的眼神

望眼欲穿

飘落的北国枫叶

在车轱辘的飞驰中沙沙作响

十四、我在戈壁等你

放下那优雅的姿态，美是夕阳下的那缕璀璨

收起扶摇直上九万里的野心，茫茫戈壁，那一串串的脚印和砾石才是内心的港湾

　　梦想一脚一脚地丈量

　　勇士的汗水、泪水流淌成戈壁那一缕清泉

　　踩过漫天飞沙中绿意盎然的骆驼刺

　　一顶顶帐篷点缀下的夕阳伴着呼呼的沙砾

　　你翻着书，她望着星空

　　一百零八公里，或许会叩问自己为何要受这样的虐

　　当走完这最后一公里

　　眼泪在狂欢中涌出

　　拥抱是这个世界上最好的赞美

　　走过茫茫戈壁，都是姐妹兄弟

　　一起出发，一起到达

　　那是原生的力量

　　眼里满是茫茫戈壁，心里想着乡野土菜

　　这里，有一群有故事的戈友

　　走过戈壁，那是一段藏在黑戈壁、骆驼刺里的记忆

　　走过戈壁，那是一段藏在鞋子、袜子、衣服兜里的记忆

　　吃饭的时候，怀念口里嚼着沙子的咸菜夹馍

　　我在戈壁等你，愿你走遍万水千山，觉得戈壁值得

十五、鸿蒙混沌，一抔尘土

　　秋蝉吹箫知了

　　枫叶裹着斜阳

你我走过柳河漫道

想当年,乌江一别

何愁万里江山空对月

鸿蒙混沌,化作幸福的一抔尘土

愿做你花瓶中的蜀葵,日日夜夜,向阳盛开

十六、少　年

小时候

把秘密写在日记里,连同烦恼一起锁在那一格小小的抽屉

青春夹着尾巴

在新年的爆竹声中,和着笑声悄然溜去

在岁月的沉沦中,那些秘密连同那只锈迹斑斑的老箱子抛弃在角落里

一个细雨蒙蒙的下午,我倒腾了一天

找寻那些失落的记忆

十七、听,你清洗世界的声音

我趴在阳台上,唱着不知由来的歌

密密的雨帘,几许斜风,洒向阳台上惆怅的少年

听,你清洗世界的声音

看,你撑着和天空一样灰暗的伞

那场雨,清洗了世界

十八、母　亲

深一脚，浅一脚，黄土高坡的黄与土
老院里的榆树，晒黑的胳膊
吹破了窗花的风儿，带我来到久违的窑洞
回来了，苦菜花开了
那熟悉的，黄土的味道
看着一双长满老茧的手
一张布满皱纹的笑脸
那一句问候里，血液向上，涌出一个伟大的声音
母亲

十九、延河，流淌着的梦

熟悉的土地，咀嚼的味道，和那一成不变的黄
蜿蜒千里，勾起的不只是澎湃
时而安详，时而湍急，时而干涸
但你始终，敞开粗壮的臂膀，揽我入怀
粗犷的西北汉子，淳朴的民歌，日日夜夜地和你对唱
远处的宝塔，生来骨子里吹着野性的风
高低起伏，错落相间的白杨树，几处灯火的窑洞
这，就是你矗立千年，不变的风骨